安倍政権を笑い倒す

佐高 信　松元ヒロ

角川新書

はじめに

佐高　信

松元ヒロは、いま最もシャープなお笑い芸人である。シャープとは、笑いを殺す者と一番激しく闘っているという意味で、しかし、残念ながら、松元ヒロの名を知っている人はそう多くはない。永六輔や立川談志の折り紙つきなのだが、テレビにはほとんど出ないので、そんなに知られていないのである。

評判を聞きつけてライブを見に来た何人かのディレクターが、終演後、

「いやあ、ヒロさん。面白かった。しかし、絶対テレビには出せない」

と異口同音に感想を述べるとか。

松元ヒロの笑いは権力への毒を含んでいる。その毒をこの国の現在のテレビは忌避する

わけで、だからテレビにお笑いが氾濫《はんらん》しているように見えて、ちっとも面白くないのである。私は断言しているが、ビートたけしも、太田光も、松元ヒロの足元にも及ばない。いや、そんな連中とヒロさんを並べては、ヒロさんに失礼だろう。

権力を嗤《わら》わない笑いなど笑いではない。首相の安倍晋三に呼ばれて、のこのこ出かけるたけしや太田は、それだけでお笑い芸人失格なのである。

「道化」はそのまま笑いに置き換えてもいいと思うが、高橋康也著『道化の文学』（中公新書）によれば、フランスの作家ラブレーはこう喝破しているという。

「すべての道化は戦争を否定する。戦争とはこわばりであり、道化とはすべてのこわばりの敵であるからだ」

この国を戦争のできる国にしたい安倍によって、笑いが殺される日が来る。いや、すでに来ている、と私は思っている。

その意味で、身をもってそれに立ち向かっている松元ヒロは安倍晋三の敵であり、安倍はまた民主主義の敵なのだが、ヒロさんと共に私は安倍に対抗したい。お笑いをもって闘うとはどういうことなのかを語りつつ、安倍を笑い倒してやるぞと気焔《きえん》を上げたこの本は二人の安倍への闘争宣言である。

松元ヒロの笑いがいかにシャープか。一例を挙げよう。

日米同盟の強化とやらで、日本はアメリカに吸収されるかもしれない。併合されれば国旗も国歌も変わる。国旗はアメリカの星条旗の星の一つが赤い丸になるだろう。国歌はがんばって、曲はしょうがないとしても詞は「君が代」にしてもらう。そう前提して松元ヒロはアメリカ国歌「星条旗」のメロディで、

〽君が代は　千代に八千代に

と歌いはじめる。

安倍はいかにも笑いがない人で、笑われる人だが、締めつけとか統制は真っ先に笑いに来る。たとえば昭和天皇が亡くなった時のようにである。あの自粛騒ぎを振り返りながら、松元は語る。

「いつもそうですよね。笑いを抑えますね。軍国主義に進むということは真面目になれということで、お笑いというのはそれと一番対極にありますね」

安倍政権を笑い倒す　目次

第2章　「笑い」を抹殺するのは誰だ？　41

第3章　笑いは弱者の最高の武器である　71

第4章　大切なことはみんな、笑いの「師」が教えてくれた　99

第6章 「I'm different!」違いを愛そう

第1章　安倍晋三の無知、無自覚、傲岸を嗤う

国会議員は家業？

佐高　ヒロさんは安倍晋三に会ったことはある？

松元　はい、ありますよ。といっても、私はなにしろ「テレビに出られない」ようなしがない芸人ですから、あちらはまったく私のことをご存じなかったですけどね。
　安倍さんが「おなかが痛い」と言って政権を放り出した後、民主党政権のころですが、「自民党議員と行く国会見学ツアー」というのに誘われたんですよ。ちょうど夏休みの時期で、子どもたちに「国会を見に行こう」とアピールする催しで、自民党議員がナビゲーターとして話をしてくれるという。そのときは「前自民党総裁・前内閣総理大臣の安倍晋三衆議院議員と行く国会見学ツアー」だったんですよ。

佐高　ヒロさんを自民党が招いたの？

松元　党として歓迎していたかは知りません。でも、まれに自民党寄りでも私のファンだと言ってくれる人がいるんですよ。
　そういえば、安倍さんの奥さん、昭恵さんもライブを見に来てくれたことがありました。

ただ、そのころは民主党政権時代で、ライブでも民主党のことをいろいろ言ってましたから よかったんですけど、安倍さんが総理に返り咲いてからは、ライブのご案内を送るのをやめました。旦那《だんな》の悪口ばかりあげつらうわけですから、それをわざわざ聴きに来ていただくのも申し訳ないと思いまして。

佐高　アッキーだったら、案外、平気で来るんじゃない？　なにせ「家庭内野党」の人だから。

松元　いえ、あちらはよくても、私が緊張して舌鋒《ぜっぽう》が鈍るかもしれない……。思わず「よいしょ」するようなことばかり口走ってしまうかもしれません（笑）。

佐高　いや、ヒロさんそんなことないでしょ。

松元　そんなことあるんですよ。私は佐高さんと違って、小心者なんですから。

その「国会見学ツアー」は、私のライブによく来てくれている人で、自民党本部に勤めている人がいまして、その人が声をかけてくれたんです。国会議事堂と自民党の党本部を見学して、その後、子どもたちからの質問に安倍さんが答えるというんです。そういうのに同席するのも面白いなと思って、行ったんですね。安倍さんは私のことをまったく知らない感じでした。

佐高　アッキーから何も伝わっていないんだ。

松元　そのあたりの与野党攻防戦はよくわかりません（笑）。河野太郎さんなんかは私のことがなんとなくわかったみたいで、「ああ、お笑いやっている人ね」と言って、茶目っ気のある顔で軽くウィンクしてくれましたけど。

佐高　へえ。

松元　見学が終わって質問タイムになったら、小学校高学年か中学生かというくらいの年齢の子どもがパッと手をあげて、「安倍さんはどうして国会議員という職業に就いたんですか？」と聞いたんです。

そうしたら、なんて答えたと思います？「それはですね、私の父もこの仕事をやりました。私のおじいさんもこの仕事をやりました。だからこの職に就きました」と言ったんですよ。

佐高　（笑）聞いた子どもも呆《あき》れたんじゃないの。

松元　「これは正真正銘のバカだ」と私が確信した瞬間ですよ。かりそめにも一国の首相を経験した人なんですから、せめてもう少しまともなことを言うかと思っていたんですけどね、ほんとがっかりしました。

佐高　情けないくらいの幼稚さ、底の浅さなんだよね。

松元　相手は未来を担っていく子どもたちですよ。「暮らしやすい国にするため」とか、「世の中をよくしたい」とか、そういう政治家としての志のようなものを、片鱗《へんりん》でもいいから見せてほしいところじゃないですか。

佐高　無理だよ、そんなもの安倍にはないもの。

松元　そうなんでしょうね。「この人は国会議員というものを、単にひとつの職業としてしか見ていないんだ。国民の思いを背負っているという意識がこれっぽっちもないんだ」と思いました。お父さん、おじいさんがそうだったからなった、なんて国民をバカにしている話じゃありませんか。

佐高　ただの「家業」なんだよね、安倍にとっては。「家業」であり、「稼業」でしかない。

松元　そうそう、お金儲《かねもう》けの道具。そんなとんでもなく底の浅い人が再び総理に返り咲いて、日本をどんどんとんでもない方向へと引っ張っていこうとしているんですから、イヤになっちゃいます。いったいどういう人が支持しているのかと思いますよ、少なくとも私の周りにはまったく見当たらないんですけど。

佐高　安倍を支持するような人は、そもそもヒロさんや私のような人間には近づいてこないんだよ。だから、アッキーにヒロさんのライブの案内を送り続けていたらどうなっていたか、ちょっと興味深かったのに（笑）。

「アンダーコントロール」の大ウソ

松元　それにしても安倍さんというのは、なんだってあんなに平気でウソ八百を並べ立てられるんでしょうね。おかげで私はライブで話すネタに事欠かないですけど、節操がないにもほどがあります。

　いくら東京にオリンピックを招致したいからといって、「汚染水の影響は完全にブロックされている」「状況はコントロールできており、東京には何の影響も与えない」なんてことを、世界に向けてなぜ平然と言えるのか。汚染水がダダ漏れの状況だというのは、当の東京電力が認めているわけですよね。にもかかわらず、あんな大ウソを言って恥ずかしくないのか、不思議でしょうがなかったですね。

佐高　厚顔無恥なんだよ。恥という概念がない。親父の安倍晋太郎もそういうところがあった。リクルート疑惑のとき、安倍晋太郎は自民党幹事長だった。総務会で鯨岡兵輔《くじらおかひょうすけ》からこんな疑惑をかけられるようでは「恥ずかしくて表を歩けない」と批判されると、晋太郎は「私は堂々と歩いている。恥ずかしいことでもなく、法律違反でもない」と開き直ったんだよ。

松元　へえ、そうなんですか。

佐高　あの一族には世間の常識、良識は通用しないんだ。
　あのアンダーコントロール発言のとき、私がとくに怒りを感じたのは、「東京には何の影響も与えない」とシレッと言ったあたり。あれは「福島のことはさておき、東京は大丈夫ですから」という言い方でしょ。福島を切り捨てているから、ああいうことが言えるんだよな。東京には影響ないと言ったって、その東京のためにつくった発電所ですよ、東北の人たちのための発電所じゃないんだから。

松元　私、ネタでよく言うんです。「安倍首相は『汚染水の影響は完全にブロックされている』と言いました。たしかにブロックはしていますよ、自由な報道を。コントロールしていますよ、マスコミを。逆なんですよ、言っていることとやっていることが。やらなくていいことをやり、やるべきことをやらない。だから〝あべこべ内閣〟なんて呼ばれるんです」って。

佐高　私もあちこちで書いている（笑）。

松元　しかも、福島で原発がいかに危険なものかをあんなに味わったにもかかわらず、なおも「日本の原発技術は世界一安全」などと言って、しきりに原発を海外に輸出しようとしていますね。訪ねていっては口先だけでペラペラと調子のいいことを言って、売りつけるって、怪しい訪問販売と同じじゃないですか。

佐高　（笑）そうそう。世界一危険な商品の訪問販売。

松元　あれもやらなくていいこと、いえ、やるべきではないことですよ。自分の国の放射性廃棄物の貯蔵問題だってクリアになっていないのに。

佐高　だけど安倍政権は原発輸出を成長戦略の柱に位置づけている。できもしないことをできると言って原発を売ろうとするんだから、詐欺商法って言っていいんじゃないの。

松元　本当に度しがたい人ですね。

〝あべこべ内閣〟のおもてなしは「裏ばかり」

松元　「日本を取り戻す」とよく安倍さんが言いますね——あの人は滑舌がよくないから、

「日本を取り戻しゅ」に聞こえますけど——。だけど、実際にやっていることは、真逆ですよね。アメリカで勝手に「安保法制を夏までに成立させる」とか「米軍基地の辺野古《へのこ》移設を進める」とか約束してきちゃって……。日本を取り戻すどころか、アメリカにいい顔をして、アメリカの力を取り戻すことばかり約束してくる。あれだけ尖閣《せんかく》諸島とか竹島という「領土」にこだわるなら、基地として使われている土地をアメリカから取り戻すことを考えてほしいですよね。

佐高　安倍の「日本を取り戻す」とは、戦前の日本を取り戻そうとしているんだよ。

松元　あっ、なるほど。そういうことか。

佐高　そういえばオリンピック招致のときに、滝川クリステルが言った「おもてなし」という言葉が一時ワーッと流行ったじゃない。その後少ししてからのライブでヒロさんが、「〝おもてなし〟ということは、〝裏ばかり〟ってことですよね」って言ってた。あれはウケたよ（笑）。

松元　もちろん、滝川クリステルさんには何の恨みもないんですよ。私は一九六四年の東京オリンピックのときに、テレビでマラソンの円谷幸吉《つぶらやこうきち》選手の走りを見て陸上選手を目指すようになった人間なので、スポーツ大好き、オリンピックも大好きなんです。でも、あのオリンピック招致活動には、アベノミクスと絡んだ「裏」の話がうごめいているような感じがあって、ちょっと違和感があったんです。

佐高　ＩＯＣというのはけっこうカネの匂いが好きだからね。

松元　東京招致が決まったら、なんだかみんなオリンピック、オリンピックと浮かれ騒いで、そこにもちょっと疑問を感じました。日本的なおもてなしの心で海外の人たちを迎えようということ自体はいいんですよ。だけど、おもてなしという言葉が、何かすごく金儲けに利用されているような感じがして気持ち悪かった。「東京の街をほじくり返す前に、やることがあるだろう、東北の復興が先だろう」っていう気持ちもありましたしね。〝あべこべ内閣〟のことだから、この大きなおもてなしイベントの裏には、さぞたくさんの裏があるんだろうな、って思ったんですよ。

佐高　それもこれも、居丈高に「粛々と」進めていくんだろうね。

上から目線の傲岸不遜さ

松元　「粛々と」といえば、米軍基地の辺野古への移設強行ですけど、あの「粛々と」っていうのはいったい何なんですか？

佐高　政治家はわりとよく使うね。

松元　すごく強制的な感じがしますよね、もともとの言葉の意味にはそんなニュアンスはないみたいなのに、あの菅《すが》義偉という官房長官や安倍首相が口にすると、やたら威圧的に聞こえます。

佐高　そう。だから沖縄県の翁長雄志《おながたけし》知事が「上から目線の『粛々』という言葉を使えば使うほど、県民の心は離れて、怒りは増幅していく」と強く抗議したわけでしょ。

松元　それで菅官房長官が「不快な思いを与えたということであれば、使うべきではない」と言って「粛々と」を使わない方針を打ち出したけれど、その二日後の参議院予算委員会で、安倍総理は「粛々と進めている」と言っていた（笑）。コントみたいな話ですよ。

佐高　安倍は全然聞いていないんだよ、人の話を。聞く気がないともいえるし、理解力がないともいえるけど。無知で無自覚、そのうえちょっと聞きかじったことを自分の都合のいいようにすり替えて思い込むから、トンチンカンなことになる。

松元　この間、衆議院の予算委員会で、いきなり質問とは関係なく、「日教組！」「日教組どうするの」と野次を飛ばしましたよね。

佐高　あれはひどかった。だいたい首相が野次るかって話だよ。

松元　あれは何だったんですか？

佐高　農水相の西川の献金問題に対する質問のときだったから、かつて民主党議員が日教組から献金をもらっていたことでもふっと思い出したんじゃないの（笑）。

松元　でも、たしか去年、二〇一四年のメーデーのとき、安倍さんは連合に呼ばれて演説しに行ってますよね。そもそも労働者の敵といわれている人なのに、「なぜ？」とびっくりしたから、すごく印象に残っているんです。

佐高　そうねえ、いま連合は自民党と「連合」しているからね。

松元　その連合と日教組との関係を知らないってことですか？

佐高　安倍の頭の中は私には理解ができない（笑）。

松元　そりゃそうですね。

佐高　ただ、なにしろ頭が固いでしょ。これと思ったらそれしか考えられない。人の話を聞くというのはそれによって知らなかったことを知ったり、気がつかなかったことに気づいたりして、考えが揺さぶられ、幅を広げていくことなのに、そういうことがまったくわからないんだよね。あの傲岸不遜《ごうがんふそん》さというのは、そういう狭量さからきているんだろうね。

松元　ああ、わかりますね。安倍さんのボキャブラリーって非常に単純で真似しやすいんです。「まさに」「全力で」「断固として」「しっかりと」「唯一の」……。

佐高　（笑）そうそうそう。それから「切れ目なく」ね。

松元　こういう言葉を並べれば、簡単に安倍さんの演説の真似ができます。一見、力強そうな感じなんですけど、言葉が上滑りしているっていうのかな、現実感が伴わないので、なんだか空虚に響くだけなんですね。

佐高　頭に残らないよね、何を言っても。

お粗末な言語能力

佐高　ちょっと古い話だけど、二〇〇六年に最初に首相になったとき、安倍はあるテレビ局から「今年一年を漢字一文字で表すと何でしょうか」とマイクを向けられて、「変化」って答えた。それでテレビ局のクルーが困って、「総理、一文字で表すとすれば……」って言ったら、次に「責任」って答えた（笑）。一文字の意味がわからないんだよね。一と二の違いがわからない人なんだ。

松元　（笑）年末恒例の「今年の漢字」というのを知らないんですかね。

佐高　最近、私もヒロさんの影響で「笑い」をとらなきゃと思うものだから、こういう話を講演でよくするんだ（笑）。

松元　知ってます？　安倍さんが首相官邸で花見がてら、記者団に俳句を披露したそうなんですよ。

佐高　ああ、景気回復は七分咲きとかなんとかっていう話？

松元　そうです。ちょっと風の強い日だったらしく、「この風に乗って、景気を全国に届けたい」とか言って、詠んだ俳句が「賃上げの花が舞い散る春の風」。

佐高　ヘボ。ひどいね。

松元　私は俳句は全然わからないんですが、これ季語が三つも入っているんですって？

佐高　季語がダブっているのは「季重ね」「季重なり」って言ってヘボの特徴。だけど、これは季語以上に内容に問題があるよね。

松元　そうなんですよね。素人の私が見ても、ヘンテコな感じがする。「賃上げの花が舞い散る」ってことは、景気の高揚ムードもこの春の風でみんな舞い散ってしまう、ってことじゃないですか（笑）。そりゃまずいでしょう。舞い散っちゃっていいんですかね？

何を言いたいのか、意味がわからない。

佐高　要するに、その程度のレベルの男なんだよ。

「わが軍」という本音

松元　佐高さんに会ったらぜひ教えてもらおうと思っていたのは、「わが軍」発言についてですよ。

佐高　言ったね、あれは安倍の本音だよね。自衛隊は、自分を守る軍なんですよ。

松元　やっぱりそうですか。安倍さんは、集団的自衛権について会見するときなんかも、パネルを使って、「国民を守る」ために海外派兵が必要なんだとあんなに言っていたじゃないですか。あれもやっぱりウソだった。

佐高　軍隊っていうのは、基本的に国民を守ってくれるものじゃない。実際、自衛隊の統合幕僚会議議長だった栗栖《くりす》弘臣《ひろおみ》という人、軍隊のトップが、自著『日本国防軍を創設せよ』（小学館文庫）ではっきりこう書いているんですよ。「自衛隊は国民の生命、財産を守るものだと誤解している人が多い」と。

松元　誤解ですか。

佐高　そう。「国民の生命、身体、財産を守るのは警察の使命（警察法）であって、武装集団たる自衛隊の任務ではない」と、明言している。そういう意味では、田母神《たもがみ》発言っていうのは軍の中では常識なんだね。

松元　なるほどね。

佐高　権力者は、派兵の目的を「国民のみなさんを守るためだ」と言う。表向きはそういうことにしておかないと都合が悪い。

満州にいた関東軍というのも、日本から満州に渡った在留邦人を守るという名目で派遣されるわけだけど、派兵されたらこっちのもの、勝手に戦争を始めるわけだよ。しかもソ連軍が進攻してきたとき、真っ先に満州から逃げ出したのは関東軍だった。一般人が引き揚げ船に乗ろうとすると、「おまえらの乗る船じゃない」と突き飛ばして我先にと自分たちが乗り込んだ。

松元　そうでしたよね。

佐高　実際のところ、軍隊は国民を守ろうとはしない。誰を守るか。国を守るという名のもとに、権力者を守る。だから、安倍の口から「わが軍」という言葉が出てきた。

松元　つまり、「わが」というのは「わが日本の」ではなく、「私の」という意味なんですよね。

佐高　そうそう。安倍は自衛隊を、自分を守る番犬だと思っている。番犬は飼い主以外を守らない、だってそう躾《しつ》けられているんだから。

松元　震災などで自衛隊が被災地の人たちにいろいろやってくれますよね。あのイメージがあるから、何かあったら助けてくれる、守ってくれる気がしちゃいますよね。

佐高　それが誤解だと栗栖は言うんだね。

松元　やっぱり「裏ばかり」だ。

佐高　（笑）だから私は、「こっちは向こうをこんなに頼りにしているんだから、向こうも気にかけてくれていると思うのは錯覚だ、国に対して〝片思い〟するな」と言ってるんだよね。

「切れ目なく」に気をつけろ

松元　佐高さんもご存じのように、私は「憲法くん」というのを持ちネタにしています。

佐高　この本の読者のために説明しておきますけど、「憲法くん」というのは憲法を擬人化して、松元ヒロさんが憲法の立場になって話す、非常に魂のこもった語りです。

松元　ご紹介ありがとうございます。さわりをちょっとしゃべってみましょうか。

「こんにちは、僕、憲法です。今年は戦後七〇年、僕は六八歳になります。けっこう元気なんですよ。みなさんもそうでしょ。昔は六八歳というと年寄り扱いされましたが、この高齢化社会、六八歳なんてまだ序の口、老け込んでなんかいられませんよねえ。ところが、僕のことを『時代に合わない』とか言って〝整形手術〟をしようなんて考える人たちがいるんですよ。ちょっと待ってください。僕のこと、本当に変えていいんですか？　僕はみなさんの理想だったんじゃないですか？」

こんなふうに、私が憲法になって語っていくんです。

佐高　だから、簡単に憲法を改正されると困るんでしょ（笑）。

松元　そうですよ、これで食っているのに（笑）。だから、安倍さん率いるいまの政府は、いったい憲法をどう変えようとしているのかと思って、自民党の憲法改正草案をよく読んでみたんです。

まず第一条が「天皇は、日本国の元首」と始まるわけです。その後に象徴という言葉も出てくるんですけど、まずは「天皇は、日本国の元首」とある。それから第三条で「国旗は日章旗とし、国歌は君が代とする」「日本国民は、国旗及び国歌を尊重しなければならない」とあるんですね。

そして第九条。自衛隊は「国防軍」という名称にされ、「内閣総理大臣を最高指揮官とする国防軍を保持する」「国は、主権と独立を守るため、国民と協力して、領土、領海及び領空を保全し、その資源を確保しなければならない」と書いてあるんですよ。

佐高　ヒロさん、いま何も見ないでそれを言ってくれたけど、そんなのは覚えなくていいから（笑）。

松元　いや、そうなんですよね、本当は私もこんなの覚えたくはないんですけど、ネタとして話しているものですから、身体に入っちゃっていて……すみませんね。

佐高　まあね、憲法くんがどういう顔に整形されようとしているのか、そりゃ知っておかなきゃまずい。整形したからって、必ずしもきれいになるとは限らないからね。たまにいるじゃない、「あれっ、前のほうがよかったのに」という人が。

松元　そうですよね、いじりすぎて止まらなくなって、もう原形を止《とど》めなくなっちゃうとかね。

最近は世の中が右へ右へと進んでいて、戦争したい人が増えているというじゃないですか。したい人だけでやればいいというなら、まだいいんですよ、本当はあんまりよくないけど。だけど、憲法がこんなふうになったら、強制的にやらなきゃいけなくなるんですよ。協力したい人だけが戦争に協力すればいいんじゃなくて、みんなが協力しなければならなくなる。そうなると、また「粛々と」進められるんですよ。

そして、国防軍の最高指揮官は内閣総理大臣。安倍さんはこのことが念頭にあるから、「わが軍」という言葉が思わず出てきたんですね。

これを見ると、さっき佐高さんがおっしゃった「安倍の『日本を取り戻す』とは、戦前の日本を取り戻そうとしている」という意味が、本当に実感を伴ってきます。

佐高　みんなが「君が代」を歌って、みんなが祝祭日に日の丸を掲げて、事あらばみんなが戦争に協力する、そういう社会というのは「個」がないでしょう。みんな一緒くた。ヒロさんも私も、誰もかれもみんな「国民」のひとりでしかない。顔がない。のっぺらぼう。安倍にとって国民というのはそういうものなんだよね。

松元　ああ、わかります。みんなひとくくりにして、同じ「日本人」にしたいんでしょうね。型にはめてしまおうとする。

佐高　そうそう。「国民のみなさん」とか、「国民一人ひとりが結束して」とか言うけれども、本当に一人ひとりの立場とか気持ちを考えたことがあるのか。まったくないと断言できる。みんな束ねたもの言いをする。それはやっぱり大事なことが欠落していると思うんですよ。

安倍がしきりに「切れ目なく」「切れ目なく」と言うのは、個として一人ひとりが自分でものを考え、判断し、行動されたら困るから。切れ目なく国民として、庶民として管理体系の中で束ねておきたい、ということ。

松元　そうか、たしかにそうですね。「切れ目なく」って恐ろしい言葉なんですね。

佐高　「切れ目なく」っていうのは、安倍の潜在意識の中ですごく特徴的なんですよ。ちょっと錯覚させる要素があるからね。

「反省」はあっても「おわび」はなし

松元　こうやっていろいろ話していると、戦後七〇年の節目に安倍さんが出す「談話」の内容がとても心配になってきます。大事なポイントがいくつもあるじゃないですか。アメリカからも、過去の歴史認識に疑問を持たれて、いろいろ言われていましたよね。安倍さんはなにしろ過去に学ぶということのできない人。過去からも、現在からも目をそらす。それでは建設的な未来なんか目指していけるわけがないですよね。

佐高　「村山談話、小泉談話の考え方は引き継いでいく、引き継いでいくと言っている以上、これをもう一度書く必要はないだろう」とか、わけのわからんことを言ったんでしょ。これもまたヘンな文脈だよね。これを日常的な話に置き換えたら、「借金があるのはわかっている。わかっていると言ってるんだから、金を返す必要はないだろう」みたいな理屈になる。それはもう「返さない」と言ってるのと同じだからね。

松元　日米首脳会談のときは、「先の大戦の痛切な反省」とか言ったんですよね。ですが、結局「植民地支配と侵略」や「おわび」といった表現はありませんでした。

ネット記事で読んだんですけど、安倍さんは家庭でも奥さんに「ごめん」と謝ったことがないらしいんですよ。

佐高　へえ、ヒロさんと対照的だね。

松元　はい、私なんかいつもペコペコ謝り通しです。

佐高　謝るっていうのは、謝らざるを得ない状況に追い込まれて、自分のスタンスを改めることだから、経験知が要るんだよね。そういう経験を積んでいないと、人は上手に謝ることができるようにならないし、反省することもできない。

松元　たしかにそうかもしれません。安倍さんは、子どものころから、人に謝ったことなんかないまま大人になっちゃった人なんでしょうね。

佐高　もう亡くなったんだけど、遠藤誠という弁護士がいたんだよね。釈迦《しゃか》とマルクスが好きだという人で〝釈迦マル主義者〟なんていわれた人。

松元　ああ、「片手に仏教、片手にマルクス」とか言っていた人ですね。

佐高　オウム真理教の弁護もやったし、山口組の弁護もした。暴力団対策法、暴対法ができたとき、「これはおかしい、これは身分を罰するもので、法律っていうのは行為を罰するものだ。どんないい人だって悪いことをやる場合もあるし、日ごろは悪いやつだっていいことをやる場合もある。それを、単に暴力団であるということだけで法で縛るのは、法律の本質と違う」と言って、山口組の弁護をするんだよ。

そうしたら、「遠藤みたいな左翼の弁護士に山口組の弁護団長を頼んでいると、山口組も左翼にされてしまいますよ」って言ったやつがいたらしい。

当時の山口組組長は、五代目の渡辺芳則だったんだけど、「遠藤先生、共産主義諸国が崩壊した現在、いったい左翼と右翼は、どこが違うんですかねぇ?」と遠藤さんに聞いた。

松元　(笑) へえ、面白い。

佐高　そのとき遠藤さんは、「一つの分かれ目としては、太平洋戦争を侵略戦争とみるか、それとも正義の戦争とみるかでしょうね。侵略戦争とみるのが左翼で、正義の戦争とみるのが右翼です」と言ったんだって。すると渡辺組長はすかさず「そりゃあ、あの戦争は侵略戦争にきまってますよ。だって、日本の軍隊が、中国や東南アジアというほかの国に攻めこんだわけでしょう。ほかの国の縄張りを荒らしたら、侵略になるのはきまってますわな」と言った。

松元　わかりやすいですね (笑)。

佐高　それで遠藤さんが「そうしたら、渡辺さんも左翼だということになりますよ」と言ったら、「それが左翼だというなら、私も左翼ですな」と答えたというんだね。

松元　うわあ、かっこいいですね。

佐高　さすが山口組のトップに立つだけあって、肚《はら》が据わっている。ところが、一国の首相が侵略の意味がわからないんだから、困っちゃうよね。山口組の組長は、ただのボンボンではなれない。首相になるより組長になるほうが難しい。リーダーの器が要求される。

松元　ほんとですね。

「バカな大将、敵より怖い」

佐高　ヒロさんはＮＨＫの『演芸図鑑』という番組、知ってる？　日曜日の朝五時台にやっている番組なんだけど。

松元　番組名は聞いたことありますけど、すみません、見たことはない気がします。

佐高　私はあるときからＮＨＫから声がかからなくなったんだよ。たぶん、政治・経済というカテゴリーでは、佐高信という名前はＮＧリストに載っていて、ピーンと弾《はじ》かれるようになってると思うんだよね（笑）。

松元　そんなことありますかね。ＮＨＫといえば、私はこないだまでＥテレの『にほんごであそぼ』という番組に出させてもらっていました。

佐高　テレビに出てるじゃないの（笑）。

松元　子ども向け番組で、フリートークをするわけではないから大丈夫だと思われたんでしょうね。

佐高　『演芸図鑑』は芸能ジャンルだということ、また朝の五時一五分からという時間帯もあって、規制の目を二重にくぐっちゃったらしくてね、対談ゲストとして呼ばれたんだ。パーソナリティーというか番組ナビゲーターは三遊亭《さんゆうてい》小円歌《えんか》だった。

松元　ああ、女流三味線漫談家の小円歌さん。それ、いつごろの話ですか？

佐高　去年、二〇一四年の一月だったかな。その後、年末にトーク総集編があって、そこでもう一度呼ばれた。NHKは打ち合わせを綿密にするんだよ。私としては、NHKだし早朝だし、小円歌に迷惑かけちゃいけないから、話す内容もちょっと遠慮してたんだね。

松元　佐高さんでも歯に衣《きぬ》着せることがあるんですね（笑）。

佐高　そのくらいの気づかいはできる（笑）。その打ち合わせのときに、ディレクターが「あの話をぜひしてください」と言う。何かと思ったら、私が尊敬していた武井正直さんの話だったんですよ。北海道の北洋銀行の頭取だった人で、銀行がバブルに踊った時代に、乗っからなかった人なんだよ。もう亡くなっちゃったんだけど、私はけっこうかわいがってもらった。その武井さんが、「バカな大将、敵より怖い」っていう言葉を残しているんだよ。

松元　「バカな大将、敵より怖い」、わあ、いろいろ思い浮かびますね。それにしても、なぜその話をこのタイミングでしますかねえ、いろいろ話しにくいじゃないですか（笑）。

佐高　番組ディレクターが、私がいろんなところで書いたり話したりするのを調べていて、「ぜひ、この話をしてもらいたい」って言ったんだよ。

松元　いいディレクターですね。私もＮＨＫさんにお世話になっているから言うわけじゃありませんが、ＮＨＫは現場にはちゃんとした人たちがたくさんいるんですよ。上のほうに、籾殻《もみがら》とかなんとかっていう、とんでもない人がいますけど。
　それで佐高さんはＮＨＫで「バカな大将……」を連呼したわけですか？

佐高　リクエストに応《こた》えてね、連呼まではいかない、三回、四回くらい言ったかな（笑）。ただし、「これは私が言ってるんじゃないですよ、尊敬する武井さんの言葉ですよ」って言ってね。

松元　みなさん、バカな大将にはくれぐれも気をつけなさいよ、ということですね。

佐高　いろんなところにいますからね、バカな大将は。たぶらかされないようにしないといけない。自分の身は自分で守るしかないからね。

松元　この言葉、いいですね。メモしておこう。

佐高　あんまり安倍の話ばかりしていると、なんだかこっちまでチンケな人間になっていく気がしてかなわないよ。ヒロさん、もっと楽しい話をしようよ。

松元　そうですね。佐高さん、『ルパン三世』っていうマンガ、アニメ知ってますか。主人公はルパン三世なんですが、仲間のひとりに石川五ェ門っていうのがいるんですよ。いつも袴《はかま》姿で刀を差しているニヒルなやつなんですが、得意の剣術でいろんなものを一刀両断すると、最後に「またつまらぬものを斬ってしまった」と言うんです。

佐高　あっ、そう。それいいね（笑）。じゃ、ふたりで一緒に言おう。

松元　えっ、一緒にですか？

佐高　そうよ、オレだけが斬ったんじゃなくて、ふたりで斬ってきたじゃない。

松元　まあ、それはそうですけど……。

佐高・松元　（声をそろえて）またつまらぬものを斬ってしまった（笑）。

佐高　これから原稿の最後に、いつもこのフレーズ入れようかな（笑）。

第2章 「笑い」を抹殺するのは誰だ?

笑いの視点で権力に物申す

佐高　ヒロさんはいま、単独でトークライブを中心に活動していますよね。グループから独立したり、これまで何度か転機があったわけでしょ。

松元　そうですね、ひとりでやるようになったのは、やっぱりひとつの大きな転機でしたね。〈ザ・ニュースペーパー〉から独立したのが一九九八年、四六歳のときですから、ソロデビューして一七年目になります。

いまから二年くらい前、永六輔さんがすごくうれしいことを言ってくれたんですよ。永さんは〈ザ・ニュースペーパー〉のころから見に来てくれていて、私がひとりでやるようになってからも、何かのときに呼んでくれたり、ほんとに目をかけてくださっているんです。

その永さんが、「自分の主張をして人を笑わす芸っていうのは、いままでなかったもの。ヒロくんはよくそういう芸をやるようになったね。自分の芸を見つけたね」って言ってくれたんですよ。私にとって最高にうれしい褒め言葉でしたね。

佐高 「毒舌」といわれるお笑い芸人はけっこういるでしょ。だけど、ヒロさんの芸は、弱者をやりこめるような毒舌芸とは違う。永さんはそういうことも言ったんだろうね。

松元 どうなのかなあ。いつも舞台の袖《そで》でじいっと見ているんです。よかったというときは何か言葉をかけてくれますけど、よくないときは黙って帰っちゃう。最近はお身体の調子がよくないので車椅子になっていますが、それでもライブに来てくれるんです。ありがたい存在ですね。

佐高 永六輔というのは、すごい人ですよ。本当にいろんなところで名前が出てくる。「こんなところにも？」というところで「じつは永六輔さんが……」という話が出て驚かされる。

そんな話を本人にしたら、「佐高さんとガールフレンドが一致するのはまずいよ」とか言うわけ（笑）。とにかくいろんなところにアンテナを張り巡らしていて、実際に足を運んで、自分の目で見ている。そうやって、これぞという人をたくさん発掘してきているんだよね。ヒロさんも、そうやって永さんに見出《みいだ》されたひとりだと思うけど。

松元 私のファンの人に、ドイツ人の女性がいるんです。クララさんっていうんですが、あるとき彼女が言ったんですね。「日本に来てちょっとホームシックになりかけていたとき、ヒロさんのステージを見てドイツを思い出して、懐かしくなって涙が出た」って。

どういうことかと思ったら、ドイツでは、コメディアンが政治の話をバンバンする。社会批判をズバズバする。そういうネタで笑わせるテレビ番組もあるんですって。だけど日本に来たら、政治や社会を批判するような笑いが全然ない。それが疑問だったし、物足りなかったと言うんです。だけど、ヒロさんはそれをやっていた。それでドイツのことを思い出してうれしくなった、という話なんです。

佐高　笑いの文化のひとつのジャンルとして、ドイツでは、政治や政治家を風刺する、権力者を笑うということがしっかり根づいているってことですね。

松元　そうなんです。政治風刺は当たり前だって。

社会や政治批判をして人を笑わせる芸のことを、ドイツでは「カバレット」と言うらしいです。「カバレット」の語源はフランス語の「キャバレー」と一緒らしくて、もともとは歌やダンスやいろいろな芸を見せる劇場のことを指していたようです。

それが、だんだん社会批判や風刺をする芸をやる人たちがステージに立つ劇場のことをカバレットと言うようになったみたいです。大きいところ、小さいところ、規模はさまざまらしいんですが、カバレットをやる人たちを「カバレッティスト」と呼ぶとも聞きました。

佐高　ドイツ流にいえば、ヒロさんの芸風は「カバレット」になるんだね。「カバレッティスト」なんだ。

松元　そういうことになるんですかね。

佐高　いまはどうか知らないけど、昔は芸人がよくキャバレーまわりをして腕を磨いたんでしょ。それはヨーロッパのそういう文化をなぞるところから始まったものだったんだろうね。

松元　私なんかはキャバレーを知っている最後の世代です。

佐高　あっそうなの。

松元　はい、マルセ太郎さんなんかと一緒に行ってました。

「自粛」という名のおかしな統制

松元　私は最初、パントマイムをやっていたんです。でも、パントマイムだけではなかなかやっていけませんから、その後、コミックバンドをやるようになったんです。そのころは、社会に意見を発するようなことはまだ全然やっていませんでした。そんなときに、社会的な異変が起きたんです。昭和の最後の時期、天皇の下血騒ぎです。

佐高　ああ、「自粛」だね。

松元　はい、「歌舞音曲の自粛」ってやつです。コミックバンドなので、賑《にぎ》やかなパーティーなんかの仕事が多かったんですけど、軒並みキャンセルになっちゃったんです。先方の都合でキャンセルになった場合、三分の二くらいはギャラが出るのが一般的なんですが、このときはどこも一切出なかった。

佐高　一切ギャラを出さないってのは、超法規だよ。抗議したの？

松元　大手広告代理店が間に入っていて、当時は所属していた事務所の社長が一手に交渉をやっていたので、メンバーの私たちは直接何かを言える立場になかったんです。ただ、なんか釈然としないなあと思って、「どうしてですか？」と聞いたんですよ。そうしたら、「ご時世ですから」と言われたんです。

佐高　「ご時世」で中止になるのは、自分たちの責任ではないってことか。

松元　合点がいかなかったですね。

その一方で、おかしなこともあったんです。それは皇居が見えるところでのパーティーだったんですけど、予定どおりやるっていうんですね。行ってみたら、カーテンを全部閉めきって、「これなら大丈夫だろう」という。私は、「皇居のほうから見ているわけでもないのに、カーテン閉めてやれば大丈夫って何なんだ？」と思いましたね。

佐高　皇居からは見ていないだろうけど、社会の目、世間の目を気にしたってことでしょ。「隠してやればいいだろう」というところが、すごく日本人的な発想じゃない。

松元　あのころ、パチンコ店とかも「自粛」しなきゃいけないって営業を休止していたんですけど、なかにはやっていないように見せかけて、シャッターを閉めてこっそりやっていたところなんかもあったんですよ。

佐高　「自粛」のもぐり営業があったのか（笑）。

ニュースをネタに風刺する

佐高　下血報道が九月から始まって、結局年明けになって大喪《たいそう》の礼があるまで、「自粛」は続いた。年末に向けて芸人にとっては一番の書き入れ時だよね。仕事がどんどんキャンセルになってギャラが一銭も入らなかったら、死活問題だよね。

松元　そうなんですよ。そのころは〈笑《しょう》パーティー〉という三人組のコミックバンドをやっていて、テレビの『お笑いスター誕生!!』（日本テレビ）なんかに出させてもらっていました。その楽屋で他の芸人仲間とみんなで話していて、「このまま一銭も払ってもらえない状態が続いたらたまらない。みんなで一緒にライブでもやって年を越そうよ」という話になったんです。

それが、松崎菊也さんや渡部《わたべ》又兵衛さんたちがやっていた〈キャラバン〉というグループと、〈ジョージボーイズ〉というグループと、われわれ〈笑パーティー〉の三組でした。

何をやるか相談しているときに、新聞は「自粛」にならずに出続けている。毎日必ず天皇の容態が出ていたし、政治の話も、スポーツの結果も、芸能も、何でもある。そんな新聞のネタを材料にしようと考えたんですね。でも、「コンセプトは新聞です」というのもなんだかかっこよくないから、横文字にしようということで、「ザ・ニュースペーパー」というタイトルにして、コントライブをやりはじめたんです。

佐高　最初はグループ名ではなかったの？

松元　ええ。あくまでも三組の寄り合い所帯、名前なんか考えていませんでした。でも、それぞれのグループ名が全然知られていないので、紹介するほうも紹介しにくかったんでしょうね。「〈ザ・ニュースペーパー〉のみなさんです」と言われるようになって、「わかりやすいから、もうそれでいいか」ということにしたんです（笑）。

佐高 そうだったの（笑）。

松元 ニュースをネタに、政治家とか皇室の人の真似をするコントなんかをやったら、それがけっこうウケたんですよ。

他には、さっき言った、自粛休業の看板を出しながらシャッターを下ろしてこっそり営業していたパチンコ店をおちょくって、「お客さん、いいギャグあるよ、いいギャグあるよ。いま外では笑っちゃダメって言っているでしょ、でもここならこっそり笑えるよ」と言って客引きして、「はい、五〇〇円ちょうだい」というようなコントもやってましたね。

佐高 （笑）筑紫《ちくし》さんのニュース番組にも出ていたよね。

松元 二回目のライブだったかな、筑紫哲也さんが見に来てくれて、それが縁で『筑紫哲也NEWS23』（TBS）の第二部に出させてもらうようになりました。ちょうど、夜のニュース番組が次々とできてきたころで、みんながニュースに関心が高かったというか、新しい切り口のニュースを求めていた。おかげで、〈ザ・ニュースペーパー〉の仕事がどんどん増えた。災いが福に転じたんですよ。

社会を風刺するような笑いをやるようになったのは、その〈ザ・ニュースペーパー〉を始めてから。日々ニュースを見聞きしていて感じる怒りを笑いにするようになって、「これが本当の笑いだな」と思えるようになった。ですから、〈ザ・ニュースペーパー〉でコントをやるようになったのも、私にとってはひとつの転機でした。

生きているから笑うんだ

松元　「自粛」というと、もうひとつ思い当たることがあるんです。それは「東日本大震災」のとき。電力不足もあって街の中は火が消えたように暗くなり、静かになりました。そんななかで、「こんなときに笑っていいのか」という空気が起こってきたんです。

佐高　ああ、あのときは、娯楽的なイベントだけでなく、学校の卒業式や入学式までずいぶん中止したところがあったよね。

松元　震災の翌日、三月一二日に私はライブの予定がありました。中止すべきかどうか迷ったんですが、予定どおりやることにしたんですね。テレビで見た震災の映像には誰もが大きなショックを受けていましたし、その時点では福島第一原発がどんなことになっているかもよくわからなかった。みんな、とてもじゃないけどお笑いライブなんかに来るような気持ちの余裕はなかったと思うんです。それでも二〇〇人くらいのお客さんが来てくれました。

そのときに私は言ったんです。「みなさん、とにかく笑いましょうよ。ここで二時間だけ忘れて、明日からまた一生懸命働いて、働いたお金をちょっとでも義捐金《ぎえんきん》で送ったりすればいいじゃないですか。みんながただしゅんとしててもしょうがないよ」って。

そうしたら大きな拍手が湧きました。本当は、私自身も不安だったんです。こんなときにライブやってもいいのだろうか、って。でも、その拍手に励まされた感じだったんです。

佐高　「やっていいんだ」「ここに来ている人たちは、それを求めているんだ」と後押しされている感じ？

松元　まさにそうです。この間、さらにそういうことを感じたのが、佐高さんが出された本、『佐高信の昭和史』（角川学芸出版）ですよ。あの本は学ぶところが多くて、私はすごく触発されて、いまライブであの本に書かれていた話をいろいろさせてもらっていますけど、あの中に小那覇舞天《おなはぶーてん》という沖縄の人の話がありましたね。本職は歯医者さんなんだけど、仕事の傍ら、漫談、寸劇、舞踊、民謡などの芸を披露していたというブーテンさんが、戦争が終わったときにみんなに言ったという言葉。

「このようなときだからこそ命のお祝いをするんです。今度の戦争では、ほんとにたくさんの人が亡くなりました。だから、命の助かった者たちがお祝いをして元気を出さないと、亡くなった人たちの魂も浮かばれません。四人に一人が死んだかもしれませんが、三人も生き残ったではありませんか。さあ、はなやかに命のお祝いをしましょう」

戦争、震災、悲惨な出来事があって、多くの人の命が失われても、生きている者たちはだからこそ笑いを忘れちゃいけないんだって、ものすごく勇気をもらいました。

佐高　あれ、また面白い後日談があるんだよ。あの本を出したあと、『週刊金曜日』の「風速計」で、歌と笑いの起爆性ということで、また小那覇舞天のことを書いたの。死んだ人の分も生きようと言った人がいる、歌や笑いは人間に生きるエネルギーを与えてくれる力がある、って。

そうしたら、小那覇全人《ぜんじん》という人から手紙が来た。自分は舞天（本名は全孝《ぜんこう》）の息子で、『週刊金曜日』を愛読している、父のことを紹介していただいて感謝している、という礼状だった。現在八九歳になるそうで、ラジオ関係の仕事をしていた人らしい。

松元　へえ、そんなことがあったんですか。人というのはつながるものなんですね。

佐高　うん、ちょっとびっくりした。

きまじめ主義を脱却しよう

佐高　３・11の話でもそうなんだけど、世の中に自粛ムードが漂うときには、「笑っちゃいけない」というような雰囲気が漂うでしょう。笑ったら不謹慎みたいな感じになる。

松元　あっ、いま気づいてしまいましたけど、自粛の「粛」って、「粛々と」の「粛」ですよね。「粛」っていったいどんな意味なんだろう。

（編集スタッフが持っていた国語辞典で調べはじめる。

「『粛』には、①静かに音を立てないようにする。②心をひきしめ、厳しくする。つつしむ　などの意味があります。

ちなみに、『粛々』は、おごそかで気持ちがひきしまるようす　とあります。例として、『粛々と進む行列』『粛々たる面持ち』と出ていますね」『角川　必携　国語辞典』角川学芸出版参照）

佐高　基本的に、かしこまったり、身を引き締めたりして、緊張を強いる意味なんだよ。

松元　そのようですね。

佐高　身体をこわばらせて緊張しているところに、笑いは出ない。だからかしこまらなければならない場、形式ばった場には笑いがない。わかりやすいのが、人間に序列をつけて縦の関係性を強いる場ですよ。軍隊とか、会社とか。

松元　そうですよね。同僚の仲間といるときは笑いが出ても、上官や上司の前に出ると笑いが抑えつけられますね。

佐高　そこで笑ったりすると、「なにヘラヘラしてんだ。もっとまじめにやれ」と言われる。

松元　軍隊なんかだと、ぶん殴られたりするわけですよね。

佐高　もうひとつ、形式ばったルールに縛られている場というのも笑いがない。たとえば裁判所。裁判というのは、どちらが正しいかを法に則《のっと》って審理して決着させる場、笑いが出るような状況はほとんど起こり得ない。役所なんかもそうでしょ。「決まりですから」「それは前例がありません」と型どおりのことしかしない。役所にも笑いはない。まじめが一番いいという世界。

だけど、「まじめってそんなにいいことか?」と私なんかは思う。まじめにだってよくないところはある。詐欺だって、殺人だって、「これが正しいんだ、この道しかない。これが唯一の解決策だ」とへんな思い込みで一生懸命やってしまう場合もあるわけで、まじめにやられちゃ困ることもある。

松元　「この道しかない」「唯一の解決策」、そういう言葉をひたすら繰り返す人がいますよね、いま、この国のトップの立場にありますけど。

佐高　バカな大将ね（笑）。

まじめには、勘違いしたまじめさというのもある。そういうまじめさを冷やかすときに、「クソまじめ」とよく言った。別の言葉に置き換えると「融通が利かない」ってことだけど。このごろ、クソまじめっていう言い方をあまりしなくなったよね。「まじめ、いいじゃないか」「まじめにやってて何が悪い」というようなムードが強いでしょ。

松元　ああ、そういえばそうかもしれません。

佐高　まじめ一徹に突っ走るところに切れ目を入れて、「おい、一歩待てよ」とワンクッション置くのが笑い。身体のこわばりと精神のこわばりを解いて、我を取り戻させる。

松元　戦争はとにかく「まじめにやれ」の連続ですよね。どちらも自分たちの理屈で、「自分たちこそ正しい」と信じ込んで対立が起きる。それで「話しても埒《らち》が明かない」と戦争して、どっちが正しいか決着をつけようとする。人殺しをすることに、まじめに全力を注ぐんですからね。

佐高　戦争のときというのは、まったく心に余裕がなくて、もっともこわばっているクソまじめ状態。

笑うと、こわばりがほぐれる。だけどそれは力が抜けるということでもある。やたらと強い言葉を使って鼓舞して戦意を高揚させているのに、そこに切れ目を入れられ、「ちょっと待てよ、オレは何してるんだ」と我を取り戻されたら、戦争を推し進めている権力者にとって都合が悪いわけですよ。だから笑いを嫌う。管理支配体制を強める。

松元　わあ、そう考えると、まじめってすごく怖いことですね。

佐高　右傾化が進む日本では、今後ますます粛清が進みますよ。ますます緊張が強いられ、笑いが殺される社会になっていく。

松元　まじめもほどほどにして、もっと笑いを、ってことですよね。

佐高　そういうことです。

予定調和は崩すことに意味がある

佐高　だいたい形式主義のはびこっている組織というのは笑いを殺すんですよ。あちこち講演に行くでしょう。主催者側から「事前に話す内容のレジュメを出してほしい」と言われることがある。「私はレジュメをつくらない主義だ、そういう予定調和的なのが嫌いだ」と言うんだけど、「とにかく出してくれ」とか言う。こちらの言っていることを聞いてないんだよね。

松元　そういうときはどうするんですか？

佐高　出さない。

松元　でも、せっつかれるでしょう（笑）。

佐高　どうしても出せと言われたら、「では一応出すには出すけど、それとは違うことをしゃべります」と言う。こういうことを話さなくてはいけないと事前に決めてしまうと、その会場の雰囲気に合わせて臨機応変にできなくなるんですよ。

何の話をするのか知らない状況と、「今日はこういうことを言うらしい」と知らされている状況とでは、聴く側の構えが違ってくる。なまじレジュメを会場で配られたりすると、それだけでもうわかった気になっちゃうんだよな。真剣に耳を傾ける気持ちが薄まる。何の話をするかわからないほうが面白いじゃない。

松元　ああ、わかりますね、私もそうです。自分のライブのとき、あらかじめ照明さんとかに台本渡しておかないと、向こうも困る。だけど、台本を渡すとそれを見ちゃうんです。実際の私の動きを見てどうするか考えてほしいのに。

だから、「すみません、台本はまだできてないんで、とりあえず見てください」と言って、私がどんなことをやるかを見てもらって、「じゃ、この場面ではこうしましょう」と打ち合わせをするんです。

レジュメも、たぶんそういうことですよね。どっちがメインかわからなくなっちゃいますよね。

佐高　頭がコチコチに固くて、「レジュメと違うじゃないか」なんて言いだすやつもいる。レジュメどおりの話が面白いか、っていうんだよ。予定は未定であって、決定ではない。その場に行ってみないことには、どう転がるかわからない。

松元　型どおり、段取りどおりであることが大切だと思い込んでいる。それもまじめすぎるんでしょうね。

佐高　「レジュメをお願いします」というところが、昔より増えた。そのことだけ取り上げても、社会の管理体制がじわじわ強まっている気がするわけですよ。

古賀・古舘バトルの原因は何か

松元　テレビ朝日の『報道ステーション』で、コメンテーターの古賀茂明さんとキャスターの古舘《ふるたち》伊《い》知《ち》郎《ろう》さんが生放送中に口論になった一件がありましたね。あれ、何かちょっとでもユーモアを入れて笑いのほうに持っていければ、あんなふうにならずに済んだんじゃないかな、と思ったんですよ。どちらも、まじめにいきすぎたんじゃないですかね。

佐高　古賀さんは元経産省の官僚ですからね、基本、まじめな人ですよ。笑いのある人ではないですよね。降板が決まって、「ここで言っておかなきゃ」という気持ちもあって思いを爆発させたんでしょう。フリップを用意していたことを考えても、当初からガツンとやる覚悟でいたんでしょうね。

松元　テレビ局の姿勢、官邸からの圧力、あのあたりもいろいろな〝裏ばかり〟あるようですから、われわれが事の真相を知ることは難しいんでしょうけど、私なんかはやっぱり、怒りをなんとかユーモアに転化できなかったかなあ、と思っちゃうんです。そのほうがよっぽど視聴者に伝わったんじゃないかなあ、って。

もちろんそれは古賀さんだけの話じゃなくて、古舘さんのほうにも言えることで、ジョークのひとつでもいい、笑顔で切り返すようなことができていたら、違ったんじゃないでしょうかね。

佐高　古舘という人は、なかなかそれができないよね。

松元　昔、スポーツとかバラエティをやっていたころは、マシンガントークが冴《さ》え渡って切れ味のよい人だったですけどね。

佐高　古舘は、いつもわかっているフリをしたい人なんだよね。結局、そのころ自由に言えたというのは、自分の知っていることを言語化するのがうまかっただけ。わかっていることには強かったんだよ。

　報道でもわかったフリをしたい。あの番組を見ていると、つねに訳知り顔でやっているでしょ。こわばって、いっぱいいっぱいになっている感じ。あれでは余裕がなくて、とてもユーモアで切り返すなんてできない。

松元　そういう意味では、古舘さんもまじめすぎる人なんですね。

佐高　久米宏さんと対照的だよね。久米さんは、遊びがある。笑いがある。自分はここまではわかるけれど、それ以上はわかりません、知らないことがいっぱいあります、という立ち位置の人。だから、自由に言ったり聞いたりすることができるんですね。それが予定調和を崩すことになって、久米さん自身、そこを楽しむようなところがあった。
私も昔、『ニュースステーション』に出たときに、久米さんに鮮やかに切り返されたことがあった。こちらが投げた球を、思いがけないところでヒョッと投げ返してよこす。だから油断ならないんだよ（笑）。

松元　でも、視聴者としては、その想定外のキャッチボールの部分が面白いんですよ。

佐高　そこが権力者にとっては、腹が立つ。自分の思いどおりに運ばないわけだから。それで激怒した政治家、経済界のトップなんかもけっこういましたよ。

テレビは窮屈なメディアになった

松元　久米さんは、いまラジオでも自分の意見をズバズバ言っていて、面白いですよね。『久米宏　ラジオなんですけど』（ＴＢＳラジオ）では、オープニングから二〇分ぐらい一気にしゃべっているんですけど、「そんなこと言っていいの？」というようなことをどんどん言っていて、聴いてて気持ちがいい。東京のオリンピックについても、「開催が決定しても、私はずっと反対です」と言っている。
　おかしいと思うことははっきり批判するぞという覚悟をもった人だからこそ言えることだなあ、と思います。もう、それが正しい、正しくないなんて関係ない。

佐高　ラジオだからそこまでできるというのもあるよね。

松元　ありますね。いまは、テレビよりもラジオのほうが本音が言いやすくなっているんじゃないですか。

佐高　そうですね。テレビ局への上からの圧力・介入は、相当なものになっている。放送法の改正が取り沙汰《ざた》されているけど、放送事業というのは免許事業だから、テレビ局は根っこのところでは国に逆らえない部分があるわけですよ。だから放送法を盾にされると、何も言えなくなる。

松元　自民党が放送局の幹部を呼びつけて聴取をするというのは、やりすぎですよね。あの圧力というのは、やっぱり安倍さんからということですか？

佐高　安倍も、菅も。菅義偉というのは、第一次安倍内閣のときに総務大臣をやっているんですよ。放送事業を管轄する総務省のトップ。だからどうすれば自分たちの思いどおりにできるか、圧力のかけ方をよく知っている。

安倍は、新人議員のころからメディアにしつこくかみつく体質があった。私が久米さんの『ニュースステーション』に出たときに、ポロッと言ったある発言に腹を立て、ガンガン電話を寄こしたことがあった。

松元 へえ、昔からそういうところがある人だったんですか。

佐高 うん。弱い犬ほどよく吠《ほ》える、って言うけど、キャンキャンいう体質が当時からあった。そのときのプロデューサーは肚《はら》が据わった人で、私にそのことを言わなかった。だから私は後になってそれを知ったんだけど。安倍というのは、そうやってメディアに圧力をかけたがる体質がもともとあるんだ。

松元 ある意味、クレーマーということですよね。そのクレーマーが最高権力を握ってしまった。それで、自分の気に入らないことを言う人がいると、「あいつは番組に出すな」とか言う。いまやエスカレートして、やり放題になってきたってことですね。

佐高 そう。古賀さんとテレビ朝日の問題についてもうひとこと言うならば、局の姿勢を批判する古賀さんをとやかく言うなら、批判派だけでなく、安倍に近すぎるやつというのも問題視すべきだよね。

末延吉正《すえのぶよしまさ》っていう、元テレ朝の政治部長でいまはコメンテーターなんかをやっている男がいる。テレ朝の午前の番組なんかによく出ているけれど、これは山口県出身で、安倍とベッタリです。政府と近すぎるのは問題にならないのか。おかしいよね。批判派だけがつねに問題になる。こういうことをやっているから、局の姿勢というものがますます評価できない。

松元 う〜ん、「僕のお友だちをいじめるな」と言って怒るんでしょうかね、あの人は。NHKに対してもいろいろ介入している様子がありますし、いま、テレビはかなり苦しい状態になっちゃっているんですね。

批判封じの懐柔作戦に乗っかってしまった人

佐高 テレビにおいて自由が制限されてしまっているのは、報道だけではないわけですよ。世の中にはいま笑いがあふれているように見えていますが、じつは笑いも、ちょっとおかしなことになっている。

お笑い芸人から映画監督へと軸足を移し、もはや完全に芸術家気取りのビートたけしなんかも、官邸に呼ばれてのこのこ行ってしまうわけだよね。たけしはもともと、改憲とか原発推進といった考え方をもつ人ではあったけれども、これではもう毒のある政治批判なんかできるわけがない。取り込まれちゃったって感じですよね。

松元　そうそう。それで私がショック受けたのが、〈爆笑問題〉の太田光さんですよ。日曜日にやっているラジオ番組『爆笑問題の日曜サンデー』（ＴＢＳラジオ）で、米軍基地の辺野古移設をめぐる話をして、翁長知事といっこうに会おうとしなかった安倍首相のことを「バカ」となじった。

「安倍っていうバカ野郎」「総理大臣でも、バカはバカでしょ」と「バカ」を連発し、「自分の都合の悪いことだから会いませんというのは、いくらなんでもバカにしすぎなんじゃないの。『国を守りたい、日本を取り戻したい』と思うんだったら、沖縄を取り戻せってオレは思うし、なんで日本を守らないの、沖縄は日本ですよ」と痛烈に批判した。

私はそのラジオ番組を聴いていて、「わあ、よく言った！」と拍手していたんです。彼はちゃんと計算していて、テレビだったら、あそこまで言わない。ラジオというメディアだから言ったんだと思いました。テレビとラジオをちゃんと使い分けている、と思って、そこも頭がいいなと思っていました。ところが……。

佐高　なんのことはない、安倍に取り込まれた。会いに行っちゃった（笑）。

松元　そうですよ。安倍さんの主催する「桜を見る会」ですか？　並んで一緒に写真撮ったりしたという。がっかりしたなんてもんじゃありませんよ。「今度番組に出てくださいよ」と言ったら、「いいですよ」と答えたとか言って、完全に牙《きば》を抜かれてしまっている。骨のある人だと思っていたので、もう拍子抜けでした。

佐高　太田、おまえもか、ってね。社会的な発信力のある人がそうやって手なずけられて、笑いが殺されていっている。権力者を批判したり風刺したりして笑いにする立場の人間が、権力者のところにほいほい行ってはダメだよね。もう言いたいことが言えなくなる。笑いの自殺行為だよ。

太田は事務所の社長であるカミさんに頭が上がらなくて、カミさんに引っ張られて行ったっていうんでしょ。カミさんに頭が上がらないところだけはヒロさんと同じだけど（笑）。

松元　そこはそうですけどね……、私はあのあと、勇気を振り絞ってうちのカミさんに言ったんですよ。「どんなに行こうって言ったって、オレはああいう会には絶対、出ないからな。そのつもりでいてくれよ」って。そしたら、「なに寝ぼけたこと言ってんの。あんたなんかが招かれるはずがないでしょ、そんなこと考えるだけ無駄よ、バカ」って言われちゃいました。

佐高　奥さんの言うとおりだよ。ヒロさんにも、私にも、そういう誘いは来っこないから安心していいよ（笑）。

「下から目線」で笑い飛ばせ

佐高　ただ、刺客を差し向けられるかもしれない（笑）。
松元　刺客？
佐高　安倍って、笑えないやつでしょ。森喜朗は「バカだ、バカだ」とさんざん言われてきたけれど、安倍に比べたらまだましだったなって感じがある。陰湿ではないからね。
松元　そうですね、森さんはまだ笑いがある。笑いにできるけど、安倍さんはなんだか笑えない。
佐高　私は小泉純一郎のことを「小泉単純一郎」「入口入るとすぐ出口」って言ってたんだけど、小泉のほうが安倍よりまだ奥行きがあったよね。安倍は奥行きゼロ。入口と出口が一緒。
松元　小泉さんも笑いがある。麻生さんも笑わせてくれますよ。そのまんまマンガみたいな人ですからね。

（声色を真似して）「下々のみなさん、こんにちは、麻生太郎です。私はみなさんとはラベルが違いますよ。実家は福岡の飯塚にあります。敷地面積は広いですよ。東京ドームが一個スポッと入ります。まだ入れたことはないけどね。渋谷にあります私の私邸は、実勢価格四〇億円です。四〇億。わかりますか、貧乏人のみなさん……」

佐高　（笑）雨宮処凛《あまみやかりん》が「麻生邸見学ツアー」を企画したことがあったんですよ。

松元　ああ、聞いたことがあります。

佐高　ただ歩いているだけで、捕まっちゃった人がいたわけ。三人だったかな。それで、そのリベンジツアーをやるからぜひ来てくれと言われて、行ったんだね。鎌田慧《さとし》も来ていた。渋谷のハチ公前に集合した参加者が五〇人ぐらい。マスコミが七〇人ぐらい。その後ろに機動隊が二〇〇人ぐらいいるんだよ。もう身動きならない。

松元　すごい。でも、いい宣伝になる。

佐高　そろそろと動き出してみたんだけど、若い人たちがこれはヤバいと判断して、急遽《きゅうきょ》、中止にしたんだよ。オレも「ああ、捕まらずに済んだ」と内心ほっとした（笑）。

それで解散してお茶を飲んだわけ。そのときに、松本哉《はじめ》が言ったんだ。「金持ちが貧乏人のうちを見に来ても罪にならない。だけど、貧乏人が金持ちのうちを見に行くと捕まえられる」って（笑）。

松元 本当ですね、面白いこと言うなあ。じゃあ、四〇億の家を見られなかったんですね。

佐高 そうそう。いまヒロさんが麻生のネタをやってくれたので、思い出した。

松元 私、佐高さんがよく言う「方程式の話」好きですよ。

佐高 「小泉は、アメリカ一辺倒で、中国とアメリカの二次方程式を解けなかった。次の安倍は、一次方程式も解けない。その次の福田には最初から解く気がなくて、その次の麻生は方程式の意味がわからなかった。いまは一次方程式が解けないのがナンバーワンで、方程式の意味がわからないのがナンバーツー、このツートップだ」ってやつね。

松元 （笑）笑いごとじゃないけど面白い。

佐高 安倍以外はみんな「また佐高が悪口言ってる」って苦笑いしていそうなんだけど、安倍だけは、ぶんむくれてこっそり刺客を放ってくるんじゃないかという気がするわけだよ（笑）。それでも、やっぱり、権力者の愚かさを笑うのが風刺ってものだよね。強者の立場に寄り添ったら、弱者の目線を持てなくなる。

松元 そうです、そうです。刺客はちょっと怖いけど（笑）。

佐高　大丈夫、ヒロさんには強い奥さんがいるじゃない（笑）。

松元　ああ、ますますカミさんに頭が上がらなくなりそうですよ。

第3章　笑いは弱者の最高の武器である

子規のユーモラス俳句

佐高　明治時代に、正岡子規《まさおかしき》という俳人がいたでしょう。脊椎《せきつい》カリエスという病気で三四歳の若さで亡くなっちゃうんだけど。

松元　「柿くへば鐘が鳴るなり法隆寺」の人ですよね。

佐高　そうそう。今日は楽しい話をしようと思って、これ持ってきたんだ。南伸坊《しんぼう》の『笑う漱石』（七つ森書館）という本。夏目漱石の俳句に、南伸坊が絵をつけている。

このまえがきのところに、子規の俳句として載せられていたのを見て、びっくりしたんだよ。

「睾丸《こうがん》をのせて重たき団扇哉《うちわかな》」だって（笑）。

松元　えっ、それ、どういう状況ですか？　自分で団扇にのせて量ったりしたってことですかね（笑）。

佐高　さあ、知らない。坪内稔典《としのり》にでも聞かなきゃいけない。「団扇」は夏の季語だから、涼もうとして団扇であおいでいるうちに、ふっとのせてみたくなったのかな。ヒロさんとかオレくらいの歳になるともうだいぶ軽くなっているから、のせても全然重たくないだろうけどさ（笑）。

松元　（笑）何を言ってるんですか。

佐高　だけどこの俳句、すごく想像力をかきたてるでしょ。子規がのせている姿を想像したらおかしいし、それがどんな団扇だったのかも興味が湧くじゃない。ひょっとしたら美人画が描かれた団扇だったかもしれない（笑）。

松元　いったいどんな想像をしてるんですか、もう（笑）。佐高さんのそういうところ、ちょっと立川談志師匠に似てますよ。師匠も下ネタ大好きだったんです。

佐高　そう？　昔、横山やすしと対談したとき、私がこんな調子で話すもんだから驚いたみたいで、「おたくも粋《いき》な人やねえ」「もうメチャクチャ気に入ったな」って言われたことがある（笑）。

松元　わあ、私なんか、やすし師匠といったら怖い印象しかありませんよ。

佐高　ヒロさんもステージでやってるけどさ、やっぱり下ネタは笑いの根源的な部分だと思うよ。

松元　それにしても、パンチの効いた句ですね。

佐高　子規といえば病に苦しんだイメージが強いんだけど、こんなに滑稽《こっけい》というかユーモラスな句を残している。その意外性があるから、この句の持つおかしみが増すんだよ。子規という人に対する心象が変わる。違う見方ができるようになるよね。意外性が既成概念を崩していく。

松元　たしかに、正岡子規がつくったものだというからよけいに面白いんですよね。これ、ふだんから下ネタばかり言っている芸人がつくったと言われたら「あっ、そう」ってなって、ここまでのおかしさみたいなのはないでしょうね。

佐高　そうなんだよ。笑いには、意外性が大事なんだと思う。やすしがご機嫌で話をしてくれたのも、経済評論家とかいってつまらねえやつが来るんだろうと思っていたら、私が下ネタ話を平気でするもんだから、緊張を解いてくれたわけだ。そうしたら言葉も多くなる、笑いも多くなる、結果として面白い話が聞きだせる。

松元　それはそうですね。

佐高　相手の懐にスルッと入るには、下ネタ話っていうのは都合がいいんだよ。相手が女性だったり、男でも堅物だったりする場合はひんしゅくを買う恐れがあるから気をつけなきゃいけないけど。笑いのプロであるヒロさんに私がこんなことを言うのも、釈迦《しゃか》に説法みたいなものでおこがましい話ですけどね。

松元　いやいや、佐高さんの話は視点を拡げてくれるので、いろいろ勉強になります。それこそ、いままでと違う見方ができるようになる。話の結びつけ方がうまいですよね。いきなり「皐丸」を詠んだ俳句が飛び出してきたから、いったいどんなことになるのかと思ったら、意外にいい話だった（笑）。

総理の招きを断った漱石

佐高　子規と親しかった夏目漱石もまた、笑いのある人です。『吾輩は猫である』なんか、じつにユーモアたっぷりの小説。猫の視点から見た人間社会の描写という発想そのものに、意外性、ひっくり返しの妙味がある。漱石は落語が好きだったらしいね。とくに三代目柳《やなぎ》家《や》小《こ》さんのファンだったという。

松元　そうらしいですね。

佐高　漱石の俳句で、私が面白いと思ったのがこれ。

「時鳥《ほととぎす》厠《かわや》半《なか》ばに出《で》かねたり」

松元　「睾丸」の次は「厠」ですか（笑）。これも『笑う漱石』に載っているんですか？

佐高　いや、これには載ってない。なんで入れなかったんだろうね。

この句がどういう状況で詠まれたかというと、当時の総理大臣、西園寺《さいおんじ》公望《きんもち》が、第一線で活躍している文士たちを招待する会をやるんだよ。ところが漱石はそれを断るんだね。その断りの手紙の最後に、「時鳥厠半ばに出かねたり」と書いた。自分は便所に入っているから出られません、というわけだ。

松元　すごいですね。

佐高　すごいでしょ（笑）。実際どんな理由があったか知らないけれど、ばかばかしくておかしいよね。相手が総理大臣でもこんなことを言えてしまうのが、私が漱石が好きなところでもある。森鷗外なんかはこの招待をいそいそ受けるわけですよ。なにしろほら、陸軍軍医総監までいって、官僚の世界を昇りつめる人だから。

松元　前に佐高さんから、城山三郎さんは「おれには国家というものが、最後のところで信じられない」と言って勲章を断ったという話を教えてもらって、かっこいいなあと思いましたが、漱石もそういう人だったんですね。

佐高　城山さんは紫綬褒章《しじゆほうしよう》を辞退した。漱石は、文部省が博士号を授与すると言ったのを断っている。そのときに「今日までただの夏目なにがしとして世を渡ってきたし、これから先もやはりただの夏目なにがしで暮らしたい」と言うんですよ。

松元　へえ、「そんな権威とか肩書きなんか要らねえぞ」ってことですよね。かっこいいなあ。

佐高　安倍に呼ばれてほいほい行ってしまわないで、漱石ぐらいのことを言ってほしいよね。「時鳥厠半ばに出かねたり」、小便してるから行けないよ、って。出てきたころのたけしなら言えたはずですよ。〈爆笑問題〉の太田なんかも、そういうものを持っていたはずなんだけどね。

松元　そうですよ、笑いにもっていきながら断ってもらいたかったなあ。

佐高　それでさっきの『笑う漱石』に話を戻すと、この本の中に漱石のこんな俳句が載っている。

「菫《すみれ》ほどな小さき人に生まれたし」

私はこの句が好きなんだ。スミレみたいに、小さく、楚々《そそ》とした存在でありたい、ってことですよ。

権威とか権力といったもので自分を大きく見せようとする人とは真逆の発想でしょ。そんなものにおもねらないし、たぶらかされもしない。城山さんも「いつも『自分はただの人間だ』という感覚を持ち続けることが大事だと思う」と言っていたけれども、やっぱり生き方のスタンスが似ているよね。

松元　そう思います。

佐高　『笑う漱石』にはこんな句も載っていた。

「某《それがし》は案山子《かかし》にて候《そうろう》　雀《すずめ》どの」

松元　「吾輩は猫である」ならぬ「某は案山子である」ですか（笑）。ユーモラスな感じがいいですね。

佐高　案山子の頭に遠慮なくとまるような雀がいたんじゃないの（笑）。

松元　ああ、情景が目に浮かんできますね。「某」とか「候」とか、言葉はサムライっぽくて硬いんだけど、温かい印象がありますよ。

佐高　森鷗外にはこういう俳句は絶対つくれない。鷗外はやっぱり笑いのない人。視点を変えて別の立場からものを見るということができない。漱石と鷗外は、やっぱりとても対照的なんですよ。

太宰にあって三島になかったもの

佐高　ヒロさんは学生時代に太宰治にはまったって言ってましたよね。

松元　そうですね。太宰って、若いときにみんな一回ははまる「はしか」みたいなものだとかよく言われますけど、私も「この感覚を理解できるのは自分だけだ」って思ってました。はしかにかかると、みんなが思うらしいですけど（笑）。

佐高　「生まれてすみません」だからね。なかなか言えないよね、あれは。私も太宰はよく読んだ。

松元　佐高さんも太宰が好きだったんですか？　この間、言わなかったじゃないですか。

佐高　そうだっけ？（笑）

松元　忘れもしませんけど、大学時代に一万円札を拾ったことがあったんですよ。どうしようかなと考えて、「こういう天から降ってきたような金は、へたに生活費なんかに使っちゃいけない」と思って、その一万円で古本屋で太宰の全集を買ったんです。

佐高　ああ、筑摩の全集？

松元　はい、あれをちょっとずつ、ちょっとずつ読んでました。

佐高　私も同じ全集を持っている口。だけど、拾った金で買ったというのがいいね（笑）。

学生時代、寮にやっぱり太宰が好きな人がいて、一緒に太宰の墓のある三鷹の禅林寺に行ったことがある。

松元　私も学生時代に行きました。桜桃忌のときなんか、女の子ばっかりでした。

佐高　太宰の墓の斜め前に、森鷗外の墓があるでしょう。鷗外の墓石に腰掛けて、太宰の墓を見る。鷗外ファンが聞いたら怒るかもしれないけど、それが太宰ファンのひとつの醍《だい》醐《ご》味《み》だった。

松元　そうなんですか？　私はそんな不届きなことはしませんでしたよ。

佐高　太宰と対照的な位置づけに、私は三島由紀夫がいると思う。三島は「太宰が嫌いだ」ってはっきり言っていた。「顔が嫌いだ」「田舎者のハイカラ趣味が嫌いだ」「自分に適しない役を演じたのが嫌いだ」とか言っている。「女と心中したりする小説家は、もう少し厳粛な風貌をしていなければならない」と言ってるんだよ。

松元　三島自身、ある意味コンプレックスの強い人だったんですよね。それで、ボディビルなんかでやたらに身体を鍛えて、マッチョになったりしていた。

佐高　太宰にはコンプレックスを抱えている自分自身をちょっと突き放して客観視して、それを笑い飛ばしているところがあるけれど、三島には笑いがない。

松元　私は三島はあまり読んでないので作品のことはよくわかりませんけど、言動からすると、笑いとは縁遠い人ですね。

佐高　その差は何かというと、太宰は人間の弱さや愚かさと向き合い、それを受け入れようとした。ところが三島は、弱さを隠して自分を大きく見せようとした。そこが大きく違うと思うんですよ。

松元　はあ、なるほど。

佐高　笑いというのは、人間の弱さ、愚かさ、あさましさ、あるいは社会の理不尽さに対する憤りや絶望といった感情を、形を変えて発散させるものですよ。子規や漱石にはそういう笑いのセンスがあるけど、鷗外にはない。太宰にはあるけど、三島にはない。

城山さんなんかも、すごくユーモアセンスのある人でしたね。私は、やっぱり笑いのセンスを持つ人のほうが好ましく感じる。

松元　わかる気がします。

太宰から学んだ処世術

佐高　ヒロさんが太宰を読むようになったのはいつごろからなの？

松元　高校生のころですね。私は鹿児島出身、高校は鹿児島実業なんです。

佐高　陸上選手だったんでしょ。

松元　中学生のとき、陸上の二〇〇〇メートルで全国一四位の記録を持っていたので、その記録で特待生になったんです。入学金も払っていないし、三年間、一切授業料を払っていません。だから、もちろん勉強もしませんでした（笑）。お金を払っていないんですから、勉強したら申し訳ないじゃないですか、ちゃんとお金を払って学校に来ている人に（笑）。だからしなかったんです。

佐高　その高校時代も駅伝アンカーとして記録を残して、大学から引っ張りがくるんだから、すごいことだよね。

松元　いやいや、そこだけ見ればそうなんですけどね。ただ、鹿児島実業ってスポーツでは名前が知られてはいますけど、けっして勉強のできるほうの学校じゃない。よく言ってるんですよ。「鹿児島実業というのは、ふたつのグループに分かれるんです。グラウンドを走るグループと、非行に走るグループ、このふたつのグループしかいません。どちらのグループも、共通点は勉強しないってことです」

いまはこうやって笑いにできていますけど、高校当時からずっと、自分としてはすごいコンプレックスになってたんです。鹿児島は封建的な土地だから、どこの学校に行っているかで、人を値踏みするようなところが強かったんですよ。

佐高　学校のランクで人間に序列をつけるっていうのは別に鹿児島だけじゃなくて、地方ってどこもそんなもんだよ。

松元　そうなんですか。私はスポーツのほうで進むべきじゃなかったかなあって後悔したり、けっこう悩んだんですよ。

そういうコンプレックスを抱えた状態だったから、太宰を読みはじめて、その繊細というか気が弱くてコンプレックスの塊みたいな主人公の姿に、「これってオレじゃねえか、オレそのものだ」って思えて、ものすごく共感できたんです。

太宰を知ったおかげで、自分の弱みの部分を、自分から先に言ってしまえばいいんだということを学んだんですよ。

佐高　隠すんじゃなくて、さらしてしまえ、と。

松元　そうです。大学もスポーツ推薦で法政大学に進むんですけど、陸上部のやつらと一緒に、コンパっていうんですか、女の子との飲み会なんかに行っても、最初に「オレ、スポーツ入学でさあ」と言わずにいられないんです。そうすると周りの連中が、「なんであんなこと言うんだよ、言わなきゃわからないんだから」って言うわけですよ。

　でも、私は先に言ってしまうことで、胸のつかえがとれるというか、気が楽になったんです。そういう処世術を、太宰が教えてくれたんです。

佐高　それは、裸になって自分を笑い飛ばすってことですよね。ヒロさんの笑いの源流には太宰があったんだね。

松元　やっぱりそれは、コンプレックスを持ったり、弱い面をたくさん持っている人のほうが人間的に魅力があるということに気づかせてもらった、っていうことかと思うんですよ。「そうか、ダメダメなところがあってもいいんだ」って思えるようになったら、自分の弱みをすっと人に言えてしまうようになったんですね。

笑いがコンプレックスから解放してくれた

松元　さらに、笑いを芸としてやるようになって、自分のコンプレックスを逆手に取れるようになりました。

高校時代の友だちからは、「おい、あんなふうにネタにするのやめろよ」と言われたりするんですけど、いまは「鹿児島実業でよかったなあ」と思っているから、ネタにしてるんです。だって「私、鹿児島出身です。高校はラ・サールでね」と言ったって、誰も笑ってくれませんよ。「鹿児島実業なんです。走るのは得意なんですけど、頭のほうがちょっとね……」と言うから、みんな心を許して笑ってくれる。

佐高　笑いに転化することで、コンプレックスから完全に自分を解き放つことができるようになった。笑いが解放してくれたってことですよね。

松元　この間、寺脇研さんという人と、ある会で一緒になりました。

佐高　元文部官僚で、ゆとり教育を進めた人。

松元　ええ、同い年なんですけど、あの人は高校がラ・サールなんですよ。

佐高　ああ、そうなの。あの人、映画好きなんだよね。

松元　そうなんですよ、話していてそれを知りました。私も昔から映画が好きで、高校時代、陸上の練習には出ても、学校の授業は途中でサボって、映画を観に行ってたんですよ。そしたら、寺脇さんも学校をサボって映画に行ってたというんですね。ラ・サールと鹿児島実業とでは、レベルがものすごく違うんですよ。だけど、「なんだ、同じことしてたんだ」と思ったら、おかしくなりましたね。学校なんてどこに行ったって関係ないんだ、という気持ちになりましたよ。

佐高　自分の弱い部分をさらけ出せない人、隠して、虚飾のベールで覆って、自分を実像より大きく見せたがる人は、自分でも気づかないうちに、自意識をどんどん肥大化させていく。人からバカにされたくないから、虚勢を張り、威圧的な態度を取る。安倍というのはそういう人間だと思うんですよ。

　安倍はおそらく太宰なんて読んでないだろうね。コンプレックスとか、自分の弱みから目を背けて、逃げるほう、逃げるほうにいったんだよ。

安倍晋三のコンプレックス

松元　安倍さんの一番のコンプレックスって何でしょうね。やっぱり学歴かな？

佐高　コンプレックスだらけなんじゃない？　学歴でいえば、母方の祖父・岸信介《のぶすけ》、父方の祖父・安倍寛《かん》、父の安倍晋太郎、みんな旧東京帝大出身だから、子ども時代から相当プレッシャーを受けてきたはずです。成蹊大学卒業という学歴に箔《はく》をつけようとアメリカ留学を試みるも、まったくものにならず、そそくさと逃げ帰ってきている。

松元　お坊ちゃんだから、逃げ出しても、周りがいいように取り繕ってくれたんでしょうね。

佐高　一旦は総理の座から逃げ出しておいて、カムバックしてこうやって続けていられるんだから、神経も図太いし、悪運が強いとしか言いようがない。

松元　何でも岸信介の真似をしようとするでしょう。

佐高　何かにつけ、じいさんを手本と思って真似をする、金日成《キムイルソン》を強く意識する金正恩《キムジョンウン》と同じだよね。

松元　そうそう。だけど、いつも岸のことばかり。父方のおじいさんの話は出ないですね。

佐高　父方のじいさんの安倍寛も政治家なんだけど、この人はリベラル系で、岸とは真逆を行く人だった。

松元　そっちの方向に行けばよかったのに。

佐高　そうはならないんだね。息子は父親に対して、ある種のライバル心があるからね。東大を出て、毎日新聞に入った晋太郎みたいにはなれないという気持ちと、反発する気持ち、コンプレックスとライバル心とがないまぜにあっただろう。父親に鬱屈《うっくつ》した思いを抱え、その分、激しいマザコンになった。

結局、母親に褒められたいから、岸の真似をするんだと思うよ。いくつになっても、母親が喜ぶことをしたい、幼稚な息子でしかないんだよ。

松元　コンプレックスの根が深そうですね。

佐高　直接、批判されることがイヤなので、日本から逃げ出して海外に行っては調子のいいことを約束し、国民の税金である金をバンバン出して、いい恰好《かっこう》をする。そりゃあ、相手の国も、都合のいい金づるなんだから、いい顔するよね。

松元　ＩＳＩＬ（イスラム国）の人質になったふたりの日本人が殺されたのも、中東に出かけた安倍発言が事態を悪化させたともいわれましたよね。二〇一五年四月の訪米でも、国会で通ってもいないことをいろいろ勝手にアメリカに約束しちゃって、ますます「日本を取り戻」せなくしてしまっている。

佐高　万死に値するよ。なんとか笑い倒すことはできないものかね。

アベノミクスはシャンパンタワー

佐高　ちょっと話が変わるんだけど、ヒロさんのネタにアベノミクスを笑うのがありますね。

松元　はいはい、やってみましょうか。

「安倍さんがよく言う〝アベノミクチュ〟っていうのがありますね。あれ、みなさんどういうことかわかっていますか？　シャンパンタワーみたいなものですよ。結婚披露宴とかパーティーでよくあるじゃないですか、シャンパンタワー。グラスをピラミッドのように積み重ねて並べておいて、上からシャンパンを注ぐ。

あれ、上の段のグラスがいっぱいになると、そこからあふれた分がどんどん下に流れ落ちていきますね。『トリクルダウン』効果といって、富める者が豊かになれば、全体に富が行き渡り、結果として富まざる者も豊かになると言う人がいますが、はたして本当なんでしょうかね。

一段目、二段目、三段目……上のほうのグラスにはたしかにシャンパンがなみなみと注がれていきます。上のほうは、大企業とか大金持ちの人たちなんです。その人たちが、社会全般にまわるようにしてくれればいいですが、自分たちだけが潤いたいと思って溜《た》め込んだら、下のほうまでまわってこないんですね。儲《もう》かっている会社に内部留保なんかされちゃったら、下のほうにはまわってこなくなっちゃうわけです。

だけど並んでいるグラスの数は、下の段になるほど多いんです。シャンパンの行き渡らない空っぽのグラス……これ、みなさんのことですよ」

佐高　（笑）これに反応しない人が多いって、前に言ってましたよね。

松元　そうなんですよ。「はあ？」という感じで、さっぱり反応がないお客さんが意外に多いんです。

私の単独ライブ公演に来てくれる人は、基本的に革新系の人が多いと思います。そういうときは、「うんうん」とうなずきながら聴いてくれる人、笑う人、拍手してくれる人なんかがたくさんいるんです。
でも、向こうからオファーがあって呼ばれて行くときは、実際にどんな人たちが集まってくれているかよくわからないことも多い。まあ、超富裕者層というような人たちは、ほとんど来てないと思うんですけどね、そういう人は私の話なんかに興味ないでしょうから（笑）。面白くないなら、いっそ苦虫をかみつぶしたような顔をしてくれたら、「この人はアベノミクスで恩恵を受けている人なんだな」とわかりますけど、反応がないのは困っちゃいますね。

佐高　そういう会場が冷めた感じのときはどうするの？

松元　そういうなかにも、何人かはよく笑ってくれる人がいるものなんです。「今日の私の味方はこの人だけだ」と思って、そういう人に向かって話してます。佐高さんは講演で反応が乏しいとき、どうしてるんですか？

佐高　きれいな人を探してる（笑）。

松元　それで、「よし、今日は彼女のために話そう」とか思うわけですか？

佐高　いや、冗談、冗談（笑）。

笑いの本質は下剋上にあり

佐高　私のことはさておいて、いまのヒロさんの話を聞いて思うのは、反応しない人っていうのは、自分を社会の弱者だと思っていないんだよ。自分は弱者であるという自覚があって、現実に対して怒りとか不満とかを持っていないと、ヒロさんの言っていることの面白さが伝わらないわけですよ。

抑圧された感情があって、そのフラストレーションを、風刺という形でヒロさんがドカン、ドカンと崩している。それで笑いが起きて、すっきりした気分になれるんだけど、自分は弱者だと思っていない、あるいは弱者の味方をしたいと思っていない人たちは、そこにある面白さがわからない。そういう仕組みに疑問を感じず、ただ強者のおこぼれに与《あずか》りたいと思っている人は、基本的に強者に寄り添うスタンスであり、いつか自分も強者になれるかもしれない、という気持ちがある。だから笑えない。ヒロさんの笑いの毒矢が刺さってくるほうになるわけだから。

松元　ああ、そうか。自分たちが弱者の側だという意識がないから、実感が湧かない、イメージできないんですね。

佐高　そういうどっちつかずの、いわば宙ぶらりん状態の人たちが、いまの安倍政権を結果的に支持することになっているんじゃないかと私は思っているんですよ。

松元　ああ、なるほどね。わかりますね。

佐高　政治や社会体制を風刺する笑いとは、弱者が強者を笑うものです。弱者が、あるいは虐げられている者が、踏みつけられている者が、その抵抗の手段として用いるもの。弱者にとって、下剋上を可能にする最高・最強の武器なんですよね。それが笑いの本質じゃないかと思う。

松元　そうです、そうです。

佐高　ところが、力を持った者が弱い立場の者をあざ笑うようなことが、けっこうまかり通っているでしょう。あれは邪道ですよね。

何を笑うのか、誰を笑うのか

松元　何を笑うのか、誰を笑うのかっていうのは、私もいつも考えます。たとえばさっき話した鹿児島実業のことなんかも、私は自分自身を笑い飛ばすつもりで話すわけですね。
ところが、「親戚があの学校に行っているから、ああいうことは言わないでくれ」って言ってくる人がいるんですよね。そうすると、「こんなことを私が言うと、誰かを傷つけて笑いをとることになってしまう」と考えることになります。

佐高 どうするの？

松元 鹿児島でやるときは、控えめにする（笑）。あれはお客さんに面白がってもらうための「振り」ですから、表現を換えればいいんです。
ただ、笑いの対象を間違えてしまうこともあります。たとえば、〈ザ・ニュースペーパー〉のころは、誰かに扮《ふん》してその滑稽さを強調するような芸をしていましたが、「それは差別になるよ」と注意されたりすることがたまにありました。
でも、失敗することで、「そういう見方があるのか」「そういう考え方があるのか」ということがわかって、学習していくわけです。

佐高 間違えて失敗するから、視野が拡がっていくんでしょ。

松元 そうなんですよ。

佐高 『噂の真相』というのはスキャンダルを暴いて、裁判になるようなことも多かった雑誌なんだけど、編集長であり発行人であった岡留安則《おかどめやすのり》というのは、いま考えると扱うものにきちんと線引きをしていたんだね。

あそこで市井の人、一般の人を批判の対象にはしなかった。社会的にある程度の影響力を持つ人だけを対象にしていた。

松元　ああ、そうだったんですか。もっと好き放題にやっているようなイメージがありました。

佐高　そうなんだよね。もちろん間違いがまったくなかったとは言わないよ。だけど、基本はそこにきちっと切れ目を入れていた、そのスタンスは見事なものがあったよね。感覚的に、反権力という姿勢は崩さない、というのがあったんだろうと思う。

松元　私がいまネタを考えるときに基準にするのは、笑いの矛先を、自分よりも弱者に向けてはいけない。抗《あらが》う術がないものに向けてはいけない。相手の尊厳を貶《おとし》め、いたずらに人を傷つけるものであってはいけない。このあたりですね。

やっぱり、理不尽な社会に対する武器なんだと思っていないと、暴力装置になってしまいますから。

「シャルリー・エブド」の風刺は望ましいものなのか

松元　そういう意味で、フランスの「シャルリー・エブド」事件も、考えさせられるものがありました。佐高さんはあれについてどんな感じを持たれていましたか？

佐高　「シャルリー・エブド」紙の風刺イラストというのは、宗教観とか文化の違いを揶《や》揄《ゆ》するところがあるでしょう。日本に対しても、原発事故の福島のことをへんなイラストにしたりもした。相撲取りが、手足が三本あるような奇形として描かれていた。

松元　あれはひどいと思いましたよ、私も。

佐高　あれでもわかるように、権力とか理不尽な力に対抗する姿勢ではないと思うんだよね。けっして褒められるレベルのものではない。

ただ、そのレベルのものであっても、国中があれだけ反応した。あれだけの大規模なデモが起き、表現の自由を脅かすものに対する抗議行動に出た、ということがすごいなと思った。風刺のレベルがどうこうという話じゃなくて、自由が脅かされることへのものすごい反発、その重み、厚みみたいなのを感じたよね。

松元　私も、イスラムを茶化す、彼らにしてみれば宗教的な教えを冒瀆《ぼうとく》しているように感じられて、笑いを生む姿勢として気持ちのよくないものがありました。

表現の自由に対する感覚ということで言うと、マルセ太郎さんが言っていたことが思い出されます。

マルセさんは「ラ・マルセイエーズ」と「君が代」の違いという話をしてくれました。「ラ・マルセイエーズ」というのは革命の歌。フランス革命のとき、自由を勝ち取った人々は凱旋門《がいせんもん》に向かって行進し、みんなが自発的にこの歌を歌い、互いにバラの花を渡してこれを喜び合った。民衆の歌なんだ、と言うんですね。

では日本の「君が代」はどうか。誰からともなく歌い出すか。あれは、「ご起立お願いします」「では国歌斉唱！」「1、2、3、はい」って言わないと歌えない。号令されないと歌えない歌だと、マルセさんが言うんです。

佐高　うん、「ラ・マルセイエーズ」が解放の歌というならば、「君が代」は統制されて、号令のもとに歌う萎縮の歌ですからね。

松元　この国歌の違いが、民衆の精神をよく表している気がしたんですよ。自分たちの自由が侵される可能性があるとき、フランス人は熱くなる。日本人はおそらく萎縮する。

佐高　そうですね、民衆の精神を解き放つ歌が、民衆の中から出てきて、それを国歌とするようにならないと、日本人は統制というものからなかなか抜け出せないかもしれませんね。

第4章 大切なことはみんな、笑いの「師」が教えてくれた

立川談志がわびた日

佐高　ヒロさんに笑いの真髄、芸の真髄を教えてくれた人たちの話を聞きたいと思うんですが、やっぱり立川談志という人の影響は大きいでしょう。談志は、書斎にヒロさんとふたりで撮った写真を飾っていたんだって？

松元　そうなんですよ、談志師匠の娘さんの弓子さんが教えてくれたんです。それもたくさん並んでいたうちの一枚ではなくて、それ一枚だけが飾ってあったっていうんで、私はもう大感激で涙が止まりませんでしたよ。

佐高　談志との最初の出会いは何だったの？

松元　最初は、立川談慶《だんけい》さんの真打披露パーティーになるんですかね。じつは談志師匠には〈ザ・ニュースペーパー〉時代からステージを見てもらったことがありましたし、あいさつもしていたんですが、私のことを一切覚えてなかったんです。ところが、その談慶さんの真打披露パーティーで私が芸をやったら、「おもしれえな」って言ってくれた。「初めて見たよ」って（笑）。

そのあと少しして、わざわざ私のライブを見に来てくれたんです。二〇〇人入ればいっぱいくらいのところでした。演目が終わって客席に向かって最後のあいさつをしていたら、後ろのほうからトコトコとステージに向かってくる人がいるんです。「ん？」と思ってよく見たら、談志師匠ですよ。泡を食いましたね。

佐高　ヒロさんは談志が来ているって知らされていなかったわけ？

松元　まったく知らなかったですよ。右翼の人に急に乗り込んでこられると怖いので、ステージに上がる階段をはずしているんです。上がらせろという仕草をするので、談志師匠を抱え上げるようにしてステージに引き上げました。ピンマイクを渡したら、開口一番、「オレはね、他人《ひと》の芸を褒めたことがない。だいたい最近の芸人はなんだ」ときた。ああ、文句言いに出てきたのかと、もう冷や汗びっしょりですよ。

そうしたら、「こいつ、ヒロ松元の芸を、今日は最初から見せてもらった。久々に笑った」と。ずっとそうだったんですけど、私のことを松元ヒロではなく、なぜか「ヒロ松元」って言うんですよ。カタカナが入っている名前は、みんな苗字と名前をひっくり返すもんだと思ってたんでしょうね。とにかく褒めてくれたんです。その後がまたすごいんですよ。「いままで、彼のことを見損なっていました。見損なってというのは、きちんと見てこなかった、見損ねてきたということです。そのことをいま、あなたにわびます」

そう言って、私に向かって深々と頭を下げたんですよ。

そして、「いま、ヒロにはわびました。だけど、今日ここでヒロの芸を見ることができたのは、ここまでヒロを育ててくれたみなさんのおかげです。おかげで、私は彼の芸を見ることができた。私からみなさんに礼を言います」って言って、今度は客席に深々と頭を下げたんですよ。

それで「こいつをよろしく頼んだよ」と言って、ステージを降りていったんです。

佐高 ヒロさんもびっくりだっただろうけど、お客さんたちも驚いたんじゃないの。

松元 もう大感激してうれし泣きした人もいたらしい。

その話を、あとから志《し》の輔《すけ》さんにしたんです。「うちの師匠、行ったらしいね」と言うんで、「褒めてくださって、本当にうれしかった。だけどあまりにもインパクトが強すぎて、その日のライブのアンケートに、みんな談志師匠のことしか書いてなかった」って話したら、志の輔さんが、「うちの師匠は客を取ってくからね」って（笑）。

それからいろんなところに呼んでもらうようになって、お付き合いさせてもらうようになりました。

「テレビに出ているやつを、オレはサラリーマン芸人という。テレビにクビにならないように、ということばかり考えている。おまえみたいに、庶民が言いたいことを、代わりに言ってやるのが本当の芸人だったんだ。だから、おまえのことをオレは芸人という。昔はそんなやつばっかだったよ」

事あるごとにそう言ってくれました。私はその言葉を励みにしてきましたし、「ヒロはちゃんと芸人をやってるか」と確認するように、ときどきライブに来てくれていたんだと思います。佐高さんがよく「組織の奴隷になるな」って言うじゃないですか。談志師匠の言っていたことと通じるものがあるなあ、って思うんですよ。

愛すべき「人たらし」

佐高　私が談志に会ったのは、たまたま西部邁《にしべすすむ》に連れて行かれた銀座のバーだったんですよ。談志行きつけの店で、ちょうど談志がやってきた。そこで初めて会って、人間としてすごく面白い人だと興味を持ったんだよね。

その後、ヒロさんのライブに行ったときにまた会ったら、「こんなところまで来ていただいて……」って、談志が私に頭を下げた。恐縮したよ。ヒロさんのことを自分の弟子、身内と思っていたから、ああいう言葉が出たんだろうね。

松元　ああ見えて、ものすごく人に気をつかうんですよね。そう言ったら佐高さんが喜ぶだろうし、私も喜ぶだろうって、よくわかっているんですよ。私にまで気をつかう。私のライブに来てくれるとき、いつもうちのカミさんに、「ヒロに言うな。あいつ、オレが来ているって言うとあがるからよ、言うなよ」って言って、後ろのほうで見ていたんですよ。

佐高　「おい、来てやったぞ」ではなくて、自分がいるとわかるとプレッシャーになるということを配慮して、そっと行くんだ。

松元　そうなんです。じつはうちのカミさん、実際に会うまでは談志師匠が苦手だったって言うんです。わがままで、口が悪くて、横柄きわまりない人だというイメージだったみたいです。それが会って話をしたら、全然そうではなかった、大好きになったという。何があったのかと思ったら、「私の目を見て、普通にしゃべってくれた」と言うんです。

最初にライブに来てくれたとき、終わったあとの打ち上げにも顔を出してくれたんですよ。「オレが行ったらみんなが迷惑じゃねえか?」とか気にしながら。「いや、みんな光栄で大歓迎です」って言ったら、「じゃあ、ちょこっとだけ行くか」と言って、来てくれた。

そのときに談志師匠は「あんたがヒロのカミさんか」って言って、いろいろ話をしてくれた。売れてない芸人のカミさんなんて、知り合いになっても何の得もないわけですけど、談志師匠は温かく接してくれた。その人間味に感激したんだそうです。

佐高　心根が温かい人なんだよね。

松元　一緒に地方に行ってもそうでした。興行のために尽力してくれている人とかに、ものすごくやさしかったですね。

あれだけふだんから人の悪口をバンバン平気で言って、気難しそうに見えるのに、じつは全然偉ぶらなくて、腰が低い。礼の仕方なんかほんと最高ですよ。「いつもすまないね」とか「感謝します」って談志師匠に頭を下げられると、もう身体がとろける感じ(笑)。たいへんだったことなんか忘れるって、みんなよく言ってましたね。

佐高　すごい人たらしだね(笑)。

松元　でも、「どこそこ会社の社長さんです」と地元の実力者のような人を紹介されても、「あっ、そう」とすごくそっけないんです。力があるからといって、そういう人にまったく媚《こ》びないんですね。

佐高　相手がカネや権力を持っているかどうかってことに興味がないんでしょ。たとえ相手がスポンサーであろうが、談志にとっては関係ない。

松元　そうだと思います。カネや権力があろうがなかろうが、嫌いなものは嫌い。態度がはっきりしていて表裏がないから、見ていて気持ちがいい。だからいっそう信用できるんですよ。

石原慎太郎のネタ

松元　談志師匠が亡くなって、盛大なお別れ会がありました。最初、弔辞を読んだのが親友だった石原慎太郎さん。その会の最後に、私は師匠に面白いと言ってもらった芸をやらせてもらいました。右で始まり、左で終わった会（笑）。

その石原慎太郎さんのことを、無謀にも私がネタにしたことがあったんです。それも談志師匠のいる立川流一門会で披露したんですね。

「石原慎太郎さん、みなさん知っていますよね、談志師匠の大親友です。あの人っていつもけっこう差別的な発言しますよね。中国は嫌いだから『シナ』、北朝鮮は『北』としか言わない。女性にもひどいこと言いましたね。『ババアは有害だ』とか言いました。

なんであんなことが言えるか知っていますか？　私はあの人の目にあると思います。いつも目をしばしば、しばしばさせていますよね。だから、普通の人の半分しか現実を見てないんです」

佐高　（笑いながら拍手）

松元　佐高さんもいま笑ってくれましたが、その会場でもウケたんです。ところが談志師匠は何も言わない。「オレの友だちの悪口言いやがって。帰ったら、ただじゃおかねえ」くらい言ってくれたらまだいいんですが、そういうひとこともない。

佐高　そりゃ、一段と怖いね。

松元　怖くて、生きた心地しなかったです（笑）。それから一週間くらいして、東北のほうに談志師匠とご一緒することがあったんです。オオトリが談志師匠で、私は舞台の袖《そで》で見ていました。枕を聴いて、「えっ？」と固まりました。

「私の親友に石原慎太郎という男がいます。東京都の知事なんかやっておりますが、彼はけっこう平気で差別的な発言をします。中国のことはシナ、北朝鮮のことは北、どうしてあんなことが言えるかわかりますか？　それは彼の目にあると思います。いつも目をこうやっている。人の半分しか現実を見ていません」

そう言って、目をしばたかせる。私のネタをそのままやって、私以上にドカーンとウケているんです。その客席の笑い声を聞きながら、袖にいた私に向かって、ステージからふっとウィンクしたんですよ。もう、身体がとろけそうでした。

佐高　粋《いき》だねえ。

松元　その日も、その後も、結局、口では何も言わないんです。「やってもいい」とかなんとか。

佐高　だけど自分でやって見せてくれたっていうのは、許したってことなんでしょう。

松元　そうですね、それで、「やるんだったらこんな間《ま》で、もっとうまくやれ」ってことだと私は理解しました。そのやさしさっていうか、茶目っ気たっぷりな感じがもうなんともいえない。あのウィンクは忘れられませんね。

弱さをさらし、畏れを知る人

佐高　談志ってけっこう筆まめだったんだって？

松元　そうらしいですね。私も手紙もらいました。宝物ですよ。

佐高　どんなことを書いてくるの？

松元　これがまた、かわいいんです。「ヒロ、今度オレの愚痴を聞いてくれ」とか書いてくるんですよ。

佐高　また身体がとろけちゃうんじゃない（笑）。

松元　本当にそういう感じでしたよ。

佐高　他の弟子にはそんなことをきっと言わなかったでしょう。ヒロさんだから言えたんじゃないの？

松元　そうなのかなあ。だったら光栄だし、うれしいですよね。そういえば志の輔さんから「ヒロさんって、不思議だね。『胸襟を開く』って言うように、普通は胸襟を開かないと人は心を許してくれないものだけど、ヒロさんは、開いた覚えはないのにいつのまにかスルッと中に入っている」って言われたことがあります（笑）。

佐高　たしかにそういうところあるよ。

松元　本当ですか？

佐高　本当、本当。すごい才能だよ。それで、実際に談志はヒロさんに愚痴を言うの？

松元　そうですね、「オレもいろいろ辛《つら》いんだ。悩みがあったら宗教に逃げられるやつはいいよな。オレなんか、オレが神だから逃げようがない。オレは誰を頼ったらいいんだよ」なんて言ってましたね。他の人にも言ってたのかどうかは知りませんけど。

佐高　そんなふうに自分の弱さをさらけ出してしまうわけだ。

松元　「オレが神だから」なんて、言葉だけ取り上げたら傲慢《ごうまん》に聞こえるかもしれませんが、「オレはすごいんだ、こんなオレの辛さが、おまえたちにはわからないだろ」というんじゃないんです。あんな天才なのに、こっちと同じ地べたに立って、「あ〜あ、オレは誰にすがったらいいんだ、教えてくれよ」と甘えてくれるような感じなんです。すごい高みに行っても、けっして上から見下ろすんではなくて、地べたからの視線を失わずに、そうやって言えるところが逆にすごいなあと私は思ってましたね。

佐高　よくいえば神、悪くいえば狂気、天才ゆえに、狂気をはらんでいるようなところがあったんでしょ。

松元　狂っているって、本人もよく言いましたもんね。それでいて一番人間っぽかったですよ。

佐高　そこにあるのは驕《おご》りではなく、むしろ畏《おそ》れだったんだろうね。

松元　そうかもしれませんね。

佐高　落語協会を飛び出し、師匠の小さんと袂《たもと》を分かつことになっても、師匠をはじめ落語界にすごい人たちがたくさんいることは認めていたわけで、落語というものを一生懸命やっていればやっているほど、その奥深さが見えていたんじゃないかと思うんですね。奥深いものが見える人というのは、自分の非力さも当然見えるわけで、だから、畏れを感じる。そういうのが見えないのが天狗《てんぐ》になる。

松元　ああ、そうですね。

佐高　畏れを知っているからこそ、自分を低きに置くことができたんじゃないかな。

松元　なるほど。

佐高　ところがですよ、どこかの国の首相は、畏れというものを知らない。それこそ、これまでの政権が、改憲をせず、戦争をしないでやってきたことの意味、多くの人々の積み上げてきた知恵ということをきちんと知ろうともせずに、傍若無人に「オレが変えるんだ」とか息巻いている。

松元　だから、自民党の人たちも「おいおい、いいかげんにしろよ。おまえ、目を覚ませ」って言いはじめているわけですよね。

佐高　そう。驕りしかないんだよね。何にも見えてない、ひとり天狗、バカ天狗。

松元　まさにひとり天狗ですよ。う〜ん、談志師匠の話をしていたら、思いがけず安倍さんがいかにダメダメかがまたよく見えてきましたよ。

「人生とは死ぬまでの暇つぶしです」——真剣に遊んで生きる

松元　私が芸に行き詰まって鬱々《うつうつ》とした心境でいたときのことです。何を相談したわけでもなかったのですが、談志師匠は何かを感じたんでしょうね。いきなり「ヒロ、人生とは何だ？」と謎かけをしてきたんです。「いや、いきなりそんなことを言われても、わかりません」と答えたら、「人生とは死ぬまでの暇つぶしです」って言うんです。
ふっと心が軽くなりました。そうか、死ぬまでの暇つぶしか、だとしたら、中途半端な暇つぶしじゃなくて、談志師匠みたいに濃い暇つぶしをしたいなあ、と思いました。

佐高　自分の一番好きなことを暇つぶしとしてできるのが、一番の贅沢《ぜいたく》だよね。

松元　あるとき志《し》らくさんが、「うちの師匠は、落語を遊びでやってましたよね」って言ったんです。それから、この「遊び」という意味をよく考えるんです。
普通は遊びっていうと、娯楽にうつつを抜かすこと、生産性のないことに時間を費やすことなどを言いますよね。どうでもいいことのようなイメージで捉《とら》えるじゃないですか。

でも、遊びって誰かからやれって言われるわけではなく、自発的に自分のしたいことをするんですよね。そのときに、手を抜いて、適当にやろうなんて思わないでしょう。遊びっていうのは、のめり込んで真剣に、夢中になってやるから楽しいんです。だから、遊びにはいいかげんにやるってことはない。

一方、仕事は、いくらでもいいかげんにできるんです。これは食っていくための手段なんだ、お金をいただくためなんだからと割り切れば、面白かろうがつまらなかろうが、やることはできます。もちろん真剣にもできますけど、手抜きでやることもできちゃう。

多くの人が、遊びよりも仕事のほうを価値の高いことのように思っていますけど、じつは逆なんじゃないでしょうか。遊びこそ、その瞬間、瞬間を真剣に生きているってことになるのではないか。そんなふうに考えると、談志師匠が落語を遊びとしてやっていたというのが、非常によくわかるんです。

佐高　「役立つ」って何なんだと考えてみると面白いですよね。よくいうのが、「いますぐ役に立つものは、すぐ役に立たなくなる」ということ。役に立つというのは、ある限られた範囲に適しているってことで、ある種、とても限定的です。逆に、役に立たないというのは、そのセコい観念を超えるもの。だから、役に立つ、立たないでいったら、役に立たないことのほうが価値があるし、遊びと仕事だったら、遊びのほうが有意義ですよ。

松元　そうそう、そういうことを言いたかったんです（笑）。人生で本当に大事なのは、じつは仕事より遊び、役に立つものより役に立たないもの、やらなければならないことより暇つぶし。談志師匠というのは、それを身をもって体現していたんじゃないかと思うんです。

　考えてみると、私が笑いの師匠として影響を受けた人、薫陶を受けた人は、談志師匠だけでなく、みんな一回しかない人生を「真剣に遊んで生きている」人たちばかりな気がします。

佐高　そうですね、「真剣に」「遊ぶ」という一見パラドックスな状況でこそ活《い》きるのが、笑いですからね。

気骨のピン芸人、マルセ太郎

佐高　ヒロさんは最初、パントマイムの道からこの世界に入ったって言ってたけど、それはマルセ太郎さんと関係あるの？

松元　いえ、マルセさんとは、コミックバンドでキャバレーまわりをしているときに一緒になったことがあったんです。あの人は猿の真似をやったりしてました。私は、テレビで見たことがある大先輩の芸人さんを目の前にして、「うわぁ、すげえ」と思っていました。こっちは『お笑いスター誕生!!』にぼちぼち出られるようになったくらいのときです。でも、マルセさんのほうも私のことを知ってくれていたんです。「きみ、『お笑いスター誕生!!』でパントマイムやっている人でしょ。きみのマイムはいいよ、動きが素晴らしい」と言ってくれました。すごい芸人さんが自分のことを知ってくれている、しかも評価してくれたことがとてもうれしかったですね。ただ、そのときはそれ以上親交が深まることもなく、それだけだったんです。

佐高　マルセ太郎という人は演劇・演芸を見慣れている人たちのウケはよかったんだけど、あまり一般ウケしなくて、芸人としては苦節の日々が続いた人ですよね。

松元　ええ。論理の人なんですよ。猿の真似も、ただ猿の仕草を面白おかしく真似るだけじゃないんです。猿はなぜああいうポーズをとるのか、といったことを理詰めでお笑いにするんですね。

人間には、猿的な人間と鳥的な人間がいる。日本人は猿に似ているっていうんです。鳥は人間を警戒して、なかなか近づこうとしない。だけど猿は「何かちょうだい」って近づいてくる。その真似をやるんですね。

佐高　そこには、戦後、進駐軍に「ギブ・ミー・チョコレート」と言ってすり寄った日本人の姿を揶揄《やゆ》するものなんかもあるわけですよね。理屈っぽくなりすぎて、大衆ウケしにくいのかな（笑）。

松元　そういうところがありました。それと、ご本人が言ってましたが、「オレはこの顔だ」と。とっつきやすくないということはすごくわかっていたみたいです。

佐高　強面《こわもて》だよね。

松元　すごいんだけど、なかなか売れない、そんな芸人さんでした。

ところが、一九八五年に渋谷ジァン・ジァンで映画を語るという芸を始めるんです。

佐高　それに、永六輔さんが絡んでいたんですよね。

松元　そうです。私は、映画をどんなふうに言葉とアクションで表現するんだろうと思って見に行ったんです。そしてものすごく感激したんですよ。終わってからすぐ楽屋に飛んでいって「感動しました」って伝えて、一緒に飲みに行って、それから個人的な交流が始まったんです。

「思想のないお笑いは見たくない」

松元　私のほうはマルセさんのライブをよく見に行ってましたが、マルセさんが見に来てくれることはなかったんです。

やがて私たちが〈ザ・ニュースペーパー〉を始めて、少しずつ人気が出はじめたころに、「たまにはニュースペーパーも見に来てください」と招待券を渡したら、来てくれました。でも、それ一回だけ。それっきり来てくれないんです。「また来てくださいよ」と言ったら、「いや、一回見ればいい」と言う。「どうしてですか？」と食い下がったら、「僕は、思想のないお笑いは見たくない」と言われました。

〈ザ・ニュースペーパー〉をやりはじめたころは、政治や社会を風刺しようというはっきりしたものがあるわけじゃなかったんです。ニュースをネタに、「あれっ？」と思うようなことを取り上げて、笑ってもらえばいいじゃないか、くらいに思っていた。だから、マルセさんの言葉の意味がよく呑《の》み込めなくて、「自分の思想を押しつけるだけがお笑いではないんじゃないですか？『これ、おかしいよね』とヒントを与えるお笑いだってあっていいと思います」って食ってかかったりして（笑）。

佐高「思想のないお笑いは見たくない」というのは、衝撃だね。笑いのコペルニクス的転回みたいなことだから。

松元ほんとでしたね。

佐高それで関係にひびが入るところまでには至らなかった？

松元ええ。私はマルセさんが好きだったし、その「思想のないお笑い」という言葉がずっと頭に焼きついていました。

いろいろ勉強して私も笑いのスタンスについて考えるようになって、メンバーと議論することもありました。最初のころは意見の違うところがあると、とにかく迫力のある主張をする人の意見が通っていたんですよ。「わかった、ヒロさんがそんなに言うなら、そこはこう変えよう」と私の意見も通った。

ところがそのうち人数が増えてくると、みんなで意見を言い合っていると埒《らち》が明かなくなって、「多数決にしよう」ということになっていきます。

佐高多数決というのは、平均値が勝つんですよ。だから尖《とが》ったところがなめされて「普通」に近づいちゃう。

松元　そうなんですよ。多数決になると、少数派の思いは通じなくなります。私の意見も通りにくくなって、「やりたいことと違うんだよな」と思うことが増えていった。それで次第に独立を考えるようになるんです。

結局、一〇年間〈ザ・ニュースペーパー〉をやったあと、ピン芸人としてやっていこうと決断するんですけど、やっぱりそれはマルセさんの影響があったからなんですよ。

立ち位置をはっきりさせた、存在感ある芸人になりたい

佐高　独立しようと考えたときには、自分ももう思想のあるお笑いができる、と思えるようになっていたの？

松元　（笑）いいえ、まだ全然。自分では言いたいことをはっきり打ち出しているつもりではいたんです。でも、お客さんには伝わっていなかったんですよ。

一生懸命話して、ライブが終わったあとに、「ところでヒロさんは、どっちの味方なんですか？」と聞かれたんです。「ええっ？」と思って、「今日のステージを聴いていてわか

りませんでしたか？　あれだけ政府の批判をしたからわかってもらえたと思ってたんですけど……」と言ったんですが、「いや、よくわかりませんでした」と言われて、がっかりしました。「伝えたいことが伝わっていない、オレはまだまだダメだ」って落ち込みましたね。

　もちろんいろんなお客さんがいるから、わかってくれている人もいるでしょうけど、もっと立ち位置をはっきりさせて語らないと、伝えたいことがきちんと伝わらない、と反省させられました。笑いに思想が必要だということの意味が、ようやくおぼろげにわかってきたというところでしたね。

佐高　ピン芸人になってお客さんと接する中で、自分の本当にやりたいこと、伝えたいことの伝え方を学んだんだね。

松元　たとえば……校門圧死事件があったとき、マルセさんはこんなことを言っていたんです。

「校門というのはそもそも閉めてはいけないものなんだ。学校、教会、お寺というのは、いつでも誰でも行けるように、つねに開けておかなきゃいけない。門を閉めてはいけないところだ」

重みのある言葉ですよね。学校側と生徒側、どっちが正しいとか正しくないといったことではなく、そもそも学校とはどういうものなのかということを、本質的にズバッと言っています。

みんながちょっと忘れているような大事なことを、こんなふうに気づかせてくれる。人の心を揺さぶって、泣かせたり、笑わせたりする。これはマルセさんにしっかりした思想があったからできたんだと思うんです。

佐高　竹内好《よしみ》が、「学ぶっていうのは自分の持っているイメージを変革することだ」と言った。学ぶことによって、自分が持っている先入観みたいなのがひっくり返る。笑いはまさにそうなんだよね。マルセ太郎としては、それと格闘しているわけでしょ。普通の人の先入観に爆弾を投げ、それを変えようとしているんですよね。そういう思想のあるお笑いだった。

松元　そうなんです。あるときまで私は、芸人として売れること、有名になることを考えていたんですけど、マルセさんと知り合ってから、こういう確固たる軸を持った芸人になりたい、という気持ちが強くなりました。こんな存在感のある芸人になりたいと思った。だけど、マルセさんが生きている間に、そういう姿を見てもらうことはできませんでしたね。

人生を変えた一枚の葉書

佐高　現実には、そういう芸人さんが世の中になかなか受け入れられずにいるわけですね。談志の言葉を借りるならば「テレビにクビにならないように、ということばかり考えているサラリーマン芸人」ばかりがはびこるなかで、なかなか受け入れられない人にちゃんと着目して、世に出そうとしてきたのが永六輔という人だよね。

松元　そうですね。ほんとそうです。

佐高　マルセ太郎もそうなんでしょ？

松元　そうです。マルセさんの人生がガラリと変わった転機は、『芸人魂』（講談社）という著書に書かれているんですが、だんだんとステージの仕事が減ってきて、当時のマルセさんは、ほとんどスナックのマスターが本業のようになりつつあったんです。

唯一あったのが、七〇人くらい入る小さなライブスペースで、毎月一回行う独演会。そのお客さんも次第に減っていき、ひどいときはお客さんがひとりだけということもあった。

お客さんがゼロになったら、もうこの独演会はやめようと思っていたといいます。

もうネタも尽きていたんです。ある日、何をやろうかと考えて、窮余の策として、映画の話をすることにしたんですね。観たばかりの『瀬戸内少年野球団』という映画と、前に観た『泥の河』という映画のことを、アクションを交えて話した。その日のお客さんは一〇人くらいでしたが、中に高い声で笑う人がいたという。

その翌々日、マルセさんのもとに、一枚の速達葉書が届いた。

「感激、ただ感激　永六輔」とだけ書かれていた。

高い声で笑っていたのは、永六輔さんだったんですね。

永さんはマルセさんに「渋谷のジァン・ジァンで映画を語るライブをやらないか」と声をかけ、永さんのお膳立《ぜんだ》てで準備が進められます。

マルセさんの娘さん、梨花さんから聞いた話では、永さんから電話がかかってきて、「お客さんがいっぱいになりそうなので、ステージ上にも客席を設けたいと思うんだけど、スペースとしてどのくらいの広さがあったらいい？」って聞いてきたんだそうです。「いや、畳、一畳か二畳分あればできますよ。ただしゃべるだけですから」って言ったら、ほんとにそのスペースだけ残して、ステージにも客席がセットされていたっていうんです。

そして永さんを感激させたときの話をブラッシュアップした内容でやったところ、大好評を博すんです。それが「スクリーンのない映画館」の初回公演です。

佐高　このタイトルも永さんがつけたんだって？

松元　そうです。スクリーンはないけれど、マルセ太郎の映画を語る芸は、われわれを映画館に連れて行ってくれる、と。

このときマルセさんは五〇歳、『芸人魂』にはこう書いてあります。

「永遠に抜け出ることがないと思っていたトンネルから、抜け出ることができた」

「はっきり事実を書いておこう。それから、僕は芸で食えるようになったのだ」

本当に涙が出てきますよ。

永六輔の叱責「すべて本人の度胸の問題です！」

佐高　マルセ太郎であり、松元ヒロであり、細々としたある種の笑いの清流を、永さんが守り続けている。それを見つけて、世の中に「こういう芸人がいるよ」と紹介する橋渡しの役を、永さんがやっているんですよね。

松元　永さんが私に、「自分の主張をして人を笑わす芸っていうのは、いままでなかったもの。ヒロくんはよくそういう芸をやるようになったね」って言ってくれたという話を前にしましたよね。

佐高　うん、「自分の芸を見つけたね」って褒めてくれたと。

松元　うれしくて、とても感激したんですけど、面と向かってそう言われてなんだか照れくさかった私は、素直に「ありがとうございます」って言えなかったんです。それで「いや、それは生でやっているからですよ。テレビに出ている人たちは難しいでしょうけど、私は二〇〇人とかそのくらいのお客さんの前でやっているから好きなことが言えるだけですよ」って軽い感じで言ったんですよ。

そうしたら、永さんが怒ったんです。

「ヒロくん、お客さんの人数のせいにしてはいけません。テレビのせいにしてはいけません。それはすべて本人の度胸の問題です！」

思わず身が引き締まるような言葉でした。

本当にそのとおりなんですよ。ライブで何人のお客さんの前だからこの程度のことができて、何人ならできないとか、テレビなんだからこうしかできないとか、そういうことを考えて動くような芸人になってはいけない、って教えてくれた。そうやって「何かのせい」にすることは、ある意味、お客さんをバカにすることになるんだよって、永さんは私をいましめてくれたわけです。

佐高　要するに、自分で枠を決めて、へんな先入観に凝り固まるなということですよね。

松元　そうですね。本当に芸人としての度胸を据えていたら、いつ、どこへ行こうが、誰の前だろうが、同じように自分の芸ができるはずだっていうこと。ああ、私はまだ覚悟が足りないんだなって思わされました。

佐高　ヒロさんと私とでは立場も状況もまったく違うわけだけど、私も永さんに言われて深く心に焼きついている言葉がある。

テレビ番組で私が発言したことに対して、名誉毀損《きそん》訴訟を起こされたことがあったときです。その番組は一時的に降ろされた恰好《かっこう》になるわ、他からのオファーも極端に減るわで、テレビに出るということに嫌気が差したわけですよ。

訴えられたということで出演できなくなる、言いたいことが言えなくなる、それがまかり通っているテレビというものに、なおも望みを託すなんておかしいじゃないか、そんなんだったら、もうテレビは出ないことにしてしまえばいいんじゃないか、そんなことを考えるようになっていた。そんなときにたまたま永さんに会ったら、永さんが言うわけですよ。「佐高さんがテレビに出ている間は、テレビはまだ大丈夫だと思うんだよね」って。

松元　テレビがおかしくなっていることを知っているからこそ、佐高さんにはその中で踏んばってほしい、ってことなんでしょうね。

佐高　そのときに、「ああそうか、泥まみれになっても、まだ出続けるべきなのかな」と思った。ヒロさんがいま言ったように、「度胸が大事」って言われたような気がしたわけです。

いくつになっても融通無碍

松元　永さんって、本当はもうちょっと偉そうにしていい人ですよね。だって、今日のテレビの世界を草創期からつくってきた人だし、作詞家として世界的な大ヒット曲「上を向いて歩こう」を作った人だし、本当にいろいろな分野に関心を持って幅広く活動してきた人。蓄積してきたものがものすごい。年齢的にも大御所として偉そうにしていてもいいのに、偉そうな態度をしたことがない。ほんと謙虚さを失わないですよね。

佐高　好奇心の塊でね、いつまでも書生のような姿勢でしょ。さっきのマルセ太郎にしても、ヒロさんのライブにしてもそうだけど、まめに足を運ぶ。いまだに、誰か面白い人がいれば出かけるでしょ？

松元　そうなんですよ。オオタスセリちゃんとかのライブにも、永さんはゲストで行ったりしていますね。本当に、そういうことが好きなんですね。自分がこの人を応援して、その人が世の中に認められていくことで、その人の持つパワー、エネルギーがまた伝播《でんぱ》して、元気になる人が増える。そういうふうに、世の中を明るく元気に活性化していく循環をつくっているんですよね。

佐高　この世の中を、いま少しでもまともにしたいという思いをつねに抱いている。自分のためにやっているわけじゃないものね。

もうひとついえるのが、永さん、あるいは小沢昭一《しょういち》さんなんかもそうだったけれど、主張したいことを、生な形でバーンと押さないでしょ。私が「こういうやり方があるのか」と思ったのが、永さんが唱えていた「天皇に公式の場で着物をお召しいただこう」という運動ですね。

皇族は公の場に洋装で出てくるけれども、本当の意味で日本の文化・伝統を大事にしていくならば、着物を着てほしいと言う。天皇制に面と向かって抵抗するんじゃなくて、やわらかく、しなやかに変化を求める。だから、かえって遠くにまで届くんだよね。

松元　そうなんです、いろんな人の心に響くんですよ。それでいてちゃんと風刺的。

佐高　目線は、マルセ太郎の言う「思想のあるお笑い」だしね。

松元　そうですね。だからマルセさんは、永さんを「僕の芸を発展的に変えさせ、拡げてくれた」って言って感謝してたんです。

佐高　私も師匠に恵まれた。久野《くの》収先生という存在がある限り、こっちはいつまでもペーペーなんですよね（笑）。ヒロさんにとっての談志さんとか永さんとかマルセさんとか、そして私にとっては久野収、そういう人の薫陶を受けると、偉そうなことなんか絶対に言えないっていう感じになってくる。そういうかなわぬ存在への畏れがあると、人は傲慢にならない。逆説的にいえば、傲慢な人間は、よき人生の師というものを持っていない人なんじゃないか。

松元　そうですね。安倍さんは畏れを知らないという話をさっきもしましたが、あの人は虚勢ばかりで、本当は弱い気がするんです。

自分を叱ってくれたり、拡げてくれたりする人生の師にめぐり会ってきていないのかもしれませんね。それで視野、ものの考え方がいっこうに拡がっていかず、おじいちゃんの岸のことしか見えないんじゃないかという気がするんですよ。だいたいよき師匠がいたら、あの愚かさをたしなめるはずですよ。

佐高　よき友もいそうにないよ。だから、権力者としての安倍に近づいてきて「よいしょ」する者ばかりを身辺に置く。

松元　ひとり天狗にして、裸の王様になっているわけですね。私は自分が師と仰いできた人たちとのお付き合い、交流が、もう楽しくてうれしくてありがたくて仕方ないんです。そういう時間を持たせてもらっただけでも、素晴らしい人生の暇つぶしをさせてもらっています。そういう至福の時間を安倍さんは持ったことがないとは、なんとも気の毒な気がします。

佐高　またつまらぬものを斬ってしまった、ね（笑）。

第5章　笑いは人間を解放する

お見せできないあのマーク

松元　佐高さんに見せたいものがあるんです。談志師匠の……。
佐高　手紙？
松元　いえ、テレカ。
佐高　テレフォンカード？
松元　（取り出して見せながら）はい。談志師匠からもらったものなんですが、なかなか人に見せられないんですよ（笑）。でも、佐高さんだったら面白がってくれるかなあと思いまして。
佐高　へえ（笑）。これ、談志が描いたの？
松元　そうだと思いますよ。じつは、笠木《かさぎ》透さんというフォークシンガーの方がいて、ご存じですか？
佐高　亡くなっちゃったんだよね。一度会いたかった人だけど、会えずじまいだった。
松元　そうですか。六〇年代にあの伝説の「中津川フォークジャンボリー（全日本フォークジャンボリー）」を企画した人です。最近は、東日本大震災復興支援と原発反対をテーマにした「京都ピースナインコンサート」というのを毎夏やっていて、私はそれに出させてもらってたんですね。

二〇一四年、笠木さんにがんが見つかって、「京都ピースナインコンサート」はもうこれが最後だっていって、ラストコンサートをやったんですよね。残念ながら、一二月に亡くなっちゃった。

そのラストコンサートのときに、ふと「中津川フォークジャンボリー」のときの話になった。あのときにつくったシンボルマークというのが、この談志師匠のテレカと同じマークだっていうんです（笑）。

佐高　これをシンボルマークにしたの？

松元　そうなんですって。このマークを印刷したTシャツをつくったり、幟《のぼり》を立てたりしたらしいんですけど、なにしろマークがマークなので写真や映像として出せなくて、資料としてあまり残っていないらしいんですよ（笑）。

そのときに笠木さんに「これ、談志師匠にもらったんですよ」とこのテレカを見せたら、笑いながら「オレたちはここから出発したんだ」って話してくれたんですね。

佐高　面白い話だね。

松元　それで私、笠木さんが描いたやつとこのテレカを並べて、写真を撮ったんですよ。いま、『週刊金曜日』で「写日記」というコラムをやらせてもらってるので、あれに載せようと思って。そうしたら、カミさんから「これはやめなさい、品性が疑われる」って言われて……。

佐高　奥さんの検閲でボツになったの？

松元　はい。カミさんに逆らえないですから。

佐高　表現の自由を主張すればいいのに（笑）。

松元　いやいや、そんな恐ろしいことはできません。

佐高　笠木さんも下ネタ好きだった？

松元　下ネタ話をした記憶はあまりないんですけど、打ち上げなんかのときに、よく猥歌《わいか》を歌ってましたよ（笑）。談志師匠はこういうのが大好きで、笠木さんも好きで、佐高さんもよく下ネタ話を振ってくるじゃないですか。共通するものがあるなあ、と思いますね。

誰でも持っている猥雑なる生のエネルギー

佐高　笑いっていうのはやっぱり「セイ」と結びついてるんですよ。

松元「セイ」っていうのは、「生きる」ほうですか、「セックス」のほうですか？

佐高　セックス。もちろん生きるほうとも結びついているけれど、庶民の実生活から笑いと性は切り離せないもの。たとえば宮本常一《つねいち》の『忘れられた日本人』なんかを読んでいると、世間話の延長で普通にエロ話が出てくる。猥談《わいだん》は別に男たちだけのものではなくて、女たちも平気でしている。それが楽しそうなんだよね。

松元　そういえば、田舎でおばあちゃんたちが数人集まってケケケケッて笑って話してるときって、必ず猥談をしてますよね。みんな若いころにお父ちゃんとやることやって、子ども産んで、一人前に育てて、いまでは孫ができてるんですから、恥ずかしいとか、いやらしいって話じゃないですもんね。

佐高　そうそう。セックスは生命の誕生、生のエネルギーと直結することなんだから。それが人間が気取りはじめると、いやらしくて、恥ずかしいこと、みたいになる。

松元　そうですね。

佐高　庶民というのは、いや人間というのは、基本的に猥雑《わいざつ》な存在なんだよ。だから気取るな、かっこつけるな、って話。

松元　こういう話をしてるときは、ほんとうれしそうですね。イキイキして笑顔が増えるんだから。

佐高　笑いとエロは、人間を解放するものだからね。笠木さんたちが始めた「中津川フォークジャンボリー」っていうのは、今日の野外フェスの先駆けだったわけでしょ。若者のエネルギーを音楽で解放するイベントだったわけだから、このマークをシンボルにしたのって象徴的だといえるよね。

松元　そうか。

佐高　気取ると笑いも出なくなるでしょ。気取るっていうのは、鎧《よろい》を着て武装して、自分を大きく、強く見せようとすることだから。鎧なんか着込まないで、生のざっくばらんな自分をさらす、裸になる。そのときに下ネタってのは重宝なんだよ。だって誰だってみんなそういうものを持ってるんだから。

松元　たしかにそうですよね。どんなに気取ってたって、みんなおふくろの股《また》の間から生まれてきたんだし、自分だって夜になればやることやっているんだしね。

佐高　そう。下ネタ話ができる人は、素直に裸の自分をさらせる人。そういう人のほうが、人間として裏表がない。

松元　安倍首相は、猥談とかそういうの、絶対にしそうにない感じがしますよね。

佐高　しないというより、できないでしょ。自分をさらせないから。その虚飾を剝《は》ぐ。私はつい怒りの言葉を出してしまうけど、ヒロさんは笑いという武器で剝ぐわけだよね。

自分を崩して笑いを生む

佐高　最初から気軽に猥談のできる相手とは、付き合いが続くよね。

松元　自分をさらした裸の付き合いができるからですかね。

佐高　たとえば小室等さんなんかも、最初に会ったときにいきなりエロ話ができちゃった（笑）。

松元　ああ、なるほど。

佐高　「好き好き光線」が出ている人は付き合いやすいよね。

松元　えっ、いまなんと？　柄に似合わず、かわいらしいことをおっしゃいますね（笑）。その「好き好き光線」っていうのは、相手のことを「好き好き」っていう気持ちのことですか、それともエロ話を「好き好き」ってことですか？

佐高　どっちの意味もある（笑）。だって、「イヤだな、こいつ」って思う相手とエロ話なんかしたくないじゃない。裸さらしたくないよ。見たくもないし（笑）。

松元　佐高さんと一緒にいるといつも思うんですけど、難しい話をしていたかと思うと、急に少年みたいになるところがあるじゃないですか。

佐高　よく女の人に言われる（笑）。

松元　女性にも好き好き光線を出しまくっているんですか（笑）。

佐高　いや、そういう誤解を招くような言い方はやめてくれない？

松元　その少年みたいなところって、談志師匠にもあったし、笠木さんにもあった。小室さんにもある気がする。どこかで少年の心を持ち続けてることと、下ネタが通じるってことには関係があるんじゃないかなって思うんですよ。

佐高　女性の場合はどうなの？

松元　ん……女性の場合はどうかな？　またちょっと違うかもしれない。

佐高　ヒロさんの言うその「少年の心」っていうのは、自分を崩すということじゃないかな。いわゆる常識的な大人像みたいなのがあるよね。そういう枠の中に収まりたくないって気持ちがあって、自分を崩そうとするわけだよ。崩すには、自分を高いところに置いてちゃダメなんだよね。

松元　すごくわかりますね。じつは談志師匠って、自分の戒名を生前に自分で決めてたんですよ。それがこれです。

「立川雲黒斎家元勝手居士」

「たてかわ・うんこくさい・いえもと・かって・こじ」と読みます。

佐高　よくこれを寺が許したね（笑）。

松元　いや、やっぱりいろいろ大変だったようですよ。受け入れてくれるお寺がなかなかなかったって、お嬢さんの弓子さんが言ってましたから。

佐高　そうだろうね。でも、談志らしいね。いまの戒名制度への辛辣《しんらつ》な批判精神が出てるじゃない。それに、神妙な顔して墓参りに行ったって、こんなのが墓石に大きく彫られてたんじゃ、まじめくさった顔なんかしてられないよね。

松元　そこが談志師匠の狙いだったんだと思うんです。「陰気くさい顔してオレんとこに来んじゃねえ」って言いたかったんじゃないでしょうかね。
それと、談志師匠の言葉に、「人生なんて食って、寝て、やって、終わり」っていうのがあるんです。どこかの本に書いてあった。そういう人だから、死んで、墓に入って、奉られてしまうようなのがイヤだったんじゃないですかね。「そんな御大層なもんじゃねえよ」という牽制《けんせい》みたいな意味合いもあったかもしれないなあ、って思うんですよね。

佐高 最期まで、常識の枠に収まりたくなかったんだろうね。死んでからもみんなに笑ってもらいたい。自分を笑い飛ばしたい。自分を崩したかったし、解放したかった。そういう人だったんだね。

下ネタ、エロ話を蔑視するな！

佐高 下ネタ話のついでにいえば、前に話した「まじめなら何でもいいのか」という疑問と同じように、「下品だから悪いのか」っていうのもあると思う。
下ネタを下品だと蔑《さげす》む人は、下ネタ話をするっていうだけで、その人の意見に耳を傾けなかったりすることがある。一段下に見るような感覚ですね。低級、低俗、だから信用できない、と。ものすごい歪《ゆが》んだ先入観ですよね。
たとえば、裸の写真が載っている雑誌とかを、下品な三流エロ雑誌みたいな言い方をする人いるでしょ。じゃあ、裸の写真とかエロネタ記事が何も載ってない雑誌は一流なのか。そういう雑誌の記事がすべて正しいのか。そんなことはないわけですね。公序良俗に反するとかいって、エロがらみのものがあるだけで蔑視《べっし》するのはおかしい。既存社会の常識の枠に捉《とら》われすぎているわけね。

松元　ありますね、そういうこと。エロ系のものはレベルが低いというような感覚が、社会にけっこう浸透してる気がします。

佐高　高校の教師をやっている知人が、たまたま夕刊紙、タブロイド判のエッチな記事なんかが載っている新聞で、高校生に読ませたい記事を見つけた。それで、そこだけ切り抜いて学校に持っていって貼っておいたら、教頭だか誰だかが「こんなもの貼ったのは誰だ?」って怒ったという。高校生にも参考になる記事だって説明しても、「こんな新聞はよくない、不道徳だ」と非難されて却下された、という話を聞いたことがある。

松元　記事の内容は関係ないんですね、エッチな記事のある新聞に載っていたってことで拒否してかかってるんだ。

佐高　そう、それが判断基準になっている。そんな猥雑なものはダメだとなる。学校の教師は狭量な常識に凝り固まってる人が多いから、受けつけないんだな。

松元　クソまじめなんですね。

佐高　エロというだけで目の仇《かたき》にするのは狭量だってことです。エロ話はしなくても、品性下劣なやつはいる。下ネタとかエロ記事は下品と決めつけて、お上品ぶる人ほど、人を序列化して差別したがる人だと思うんだよね。

松元　そうかもしれないですね。

笑いと統制

佐高　だいたい清廉潔白なものっていうのは面白くない。笑いのない場所というと、神社はないよね。

松元　たしかにそうですね。でも、お寺にはありますよね。寄席なんかお寺でやったりもするんですよ。それに、落語はもともと坊さんの説教から出てきたものだといわれてます。

佐高　落語は江戸の町人文化から来てるよね。

『武器としての笑い』（飯沢匡《ただす》著　岩波新書）という本があるんですよ。

松元　その本、かなり年季が入っていますね。

佐高　一九七七年初版刊行なのでもう四〇年近くたってるんだけど、最近読み直してみて同意するところの多かった本。

松元　飯沢匡、演劇の世界では有名な人ですよね。

佐高　黒柳徹子を見出《みいだ》した人じゃないかな。

松元　演出家とか作家とか？

佐高　両方ですね。

ここに、「笑いにとって孔子は大きな敵なのである。論語を読んでもユーモアはどこにもない」って書いてあるんだ。そして、徳川期において、儒教的思考を植え付けられたサムライたちには笑いはなく、町人の文化に笑いの華が咲いた。「しかしそれはいわば検閲外あるいは検閲の目の行き届かなかったお目こぼし地帯にあったものである」って。

松元　へえ、面白いですね。

佐高　さらに、「今日でも江戸の指導階級、サムライたちの儒教的思考を受けついだ政治家たちは笑いに対して鈍感である。何を笑うかという勉強より、笑われまいという努力に力点がかかっている」といっている。

松元　いまだにそうですよね、政治家たちは笑いに対して鈍感です。とくに保守系は。

佐高　ヒロさん、ちょっと恨みがこもった言い方だね（笑）。

松元　はい、痛い経験がありますから。

佐高　この飯沢匡という人は、『日曜娯楽版』に関わっていたのかな。かなり紙幅を割いてこの番組について書いているんだね。『日曜娯楽版』というのは一九四七年から一九五二年ごろにやっていたＮＨＫのラジオ番組。三《み》木《き》鶏郎《とりろう》っていう人が脚本を書いていたことで知られる。永六輔もその系列の人というか、この番組を聴いていて放送の世界に入るきっかけになった。そういう意味で三木鶏郎門下といえる。

松元　『日曜娯楽版』って、政治風刺とかがすごかったんですってね。

佐高　そう、それで潰《つぶ》される。打ち切りになっちゃう。それも戦後、日本が占領軍の支配下から独立した後に。笑いが統制された。エロと笑いは人間を解放するものなので、支配する側は統制したいんだよね。

『日曜娯楽版』の人気コーナーに「冗談音楽」という風刺コントがあって、こんなのがあるんだよ。

〽なるほど　セイレン　ケッパクで
りっぱな　お方も　あるだろが
りっぱなクチだけ　きいといて
何にも　やらない　人もある
　そこが　政治家と　いうものさ
　そこが　政治家と　いうものさ

松元　面白いなあ。今度ネタで使わせてもらおうかなあ。

佐高　こうも書いてあるんですね。

「指揮権発動をしつこく諷刺《ふうし》したのが祟《たた》って政府の圧迫がＮＨＫに加わり、ついに消滅した」

「トリローは世の人々の哀惜の声と共に華々しく引退したのであった。そしてそれっきり日本の放送界からいや芸能界からは、この種の諷刺は消えて去ったというべきであろう」

松元　ほう、公共の電波で政治風刺ができなくなっていくきっかけが、そのあたりにあったんですね。

佐高　清廉潔白っていうのは浄化を図ろうとするんだよね。けしからんものを淘汰《とうた》していく。口だけで何もやらない政治家も困るけど、口を出して権力を行使して黙らせようとする政治家はもっと困った存在だよね。

笑いの起爆力

佐高　ヒロさんは日々お客さんを前にして感じていると思うんだけど、笑いというのは「図れない」ものですよね。「こんなことを言ったらお客さんは笑ってくれるだろう」と考えてやっても、必ずしも思いどおりに笑ってもらえるという保証はないわけですよね。

松元　そうです。絶対ウケるだろうと思っていても全然ダメだったり、逆に思いがけないくらいに笑いがとれたり、それはもう出たとこ勝負ですよ。そういう意味で、笑いのステージというのは、演者、語り手である私たちの力だけで成り立っているものではないんです。その日その場に来てくれたお客さんの反応があって成立しているので、同じ内容で何日か公演をやっても、毎回違ったものになります。お客さんたちと一緒につくり上げているような感覚はありますね。

佐高　つまり生ものなんですよね。その場その場でやってみないことにはわからない。笑いは図れないものなんですよね。こうだからこうなるとか、こうすれば必ず笑うとか言えない。

権力者、支配しようとする者にとってはそれが怖い。ここを抑えればいいっていう話じゃないから。雑駁《ざっぱく》な社会の中から湧き起こる笑いにはそういう予期できないエネルギー、起爆力がある。権力者は笑いが怖いんです。

だから、ヒロさんがやっているような、笑いで抗議するパワーというのは、抵抗としてすごく有効で、起爆力を持つと思うんです。

松元　人の行動は制限できても、人の心はコントロールできない。それを、コントロールできるんじゃないかと思っていること自体が、とんでもない思い上がりですよね。

佐高　うん。コントロールしようとするものに足払いをかける。そういうパワー、そういうエネルギーがヒロさんのライブにはあると思うんですね。

松元　うれしいことを言ってくれますね。たしかに、こちらの伝えたいという思いが伝わって、自分でも思いがけないくらいのパワーではね返ってくるようなことがあるんですね。お客さんの反応がどんどんよくなって、そうすると不思議なもので私もどんどん乗って、さらに盛り上がっていく。ドカーンと笑いがきて、「そうだ！」っていう反応が本当に手《て》応《ごた》えとして感じられて、面白くてたまらない。

みんなが「そうだ！」って言ったときのパワーって、本当にすごいと思いますよ。もうとんでもないエネルギーになる。

佐高　羽目を外すというか、決まりを超えるというか、それはまさに洪水のように爆発的に来る。そのエネルギーが、抵抗の「切れ目」になるわけですよ。

松元　そうか、そういうことですね。「切れ目なく」つなげられ、権力によって束ねられてしまうのを、笑いで打破する。それはできますね。

佐高　笑いという武器で、切れ目を入れていく。あてにならない国や政治家を頼るのではなく、自衛措置として、自分たちで危険な流れに巻き込まれていくことに歯止めをかけるんです。

疑問を持つところから想像力が拡がる

松元　地方の田舎町に呼ばれていって私が話しはじめると、キョトンと目を丸くしているおばあちゃんたちがけっこういるんですよ。「天皇家民営化計画」という皇室ネタがあるんですけど、そんなのを聴いて、凍りついたように固まっちゃったりする。さらに、いまの政権批判なんかをバンバンするものですから、「この人は何言ってんだろう？」と、わけのわからない印象なんだと思います。

要するに、私がネタとして話すような視点を、これまで一切持たずに生きてきたわけです。それが、二度、三度と行くうちに、そのおばあちゃんたちが笑うだけでなく、拍手するようになったんですよ。

佐高　だんだん慣れて、受けとめられるようになってきたんだね。

松元　そうなんですよ。いままで思ってもみなかった視点に触れて、そういう切り口で社会を見てみると、考え方が押し拡げられていくんですね。潜在意識の中で「なにか、ちょっとおかしい」くらいに思っていたことも、「ああ、そうか」とわかってくる。そして「こういうことを笑っていいんだね」って思えるようになったり、「そうだ、そのとおり！」と共鳴するような意識が確実に芽生えてくるんです。

佐高　よく、芸人は「お客さんに育てられる」っていうけれど、ヒロさんは「お客さんを育てている」といえるね。

松元　ありがたいことに、そう言ってくれる人もいます。だから、佐高さんがいま言ったこと、笑いという武器で自分たちの意識を変えていくことって、実際、できるんです。

佐高 ヒロさんの投げかけが、疑問を持つきっかけになる。だからやっぱり、まず疑問を持つということが大事ですよね。

松元 そうです。「おいおい、それってちょっとおかしくないか？」って。それに対して、怒るという抗議方法もあるかもしれないけれど、方法はそれだけじゃない。笑うということで、その「ちょっとおかしい」に向き合う手段があるってことを知ってほしいんですよね。想像力を拡げると、どこまでも自由になれるんですよ。

人を惹きつける話術

佐高 ヒロさんがやっているいまの語りの形というのは、やっぱり落語の影響が大きいの？

松元 そうですね。落語から学んだところがたくさんあります。

まず、落語と出会ってからカツラをつけなくなったんですよ。〈ザ・ニュースペーパー〉のころは、誰の真似を誰がやるって分担が決まってたんですね。グループでやるコントなので、わかりやすくするためにも扮装《ふんそう》してその人に似せる必要があったんです。その流れで、ひとりになってからも小泉元首相のネタをやるときなど、カツラをつけてたんです。

でも落語を見ていて、ひとりでいろいろ演じ分けるには、へんにカツラなんかつけないほうが自由度が高い、と気づいたんです。

落語って、うまい人になればなるほど、上下《カミシモ》分けなくなるんですよ。身体の向きなんか変えなくても、声色をいちいち変えなくても、ちゃんと何人もの登場人物になりきって、その情景が見えてきます。その世界の中にお客さんを連れて行けるんです。それを知って、カツラなんか被《かぶ》らないほうが広がりがあるなと思うようになったんです。

佐高　そのほうがひとりで何人もの役を演じ分けるのに都合がいい。

松元　ええ。落語って座ってますから、いろいろ制約があるんです。動かないで、動いているように見せなきゃならない。でもその制約が、むしろ想像力をかきたてるんですよ。たとえば、歩いている場面を表現するときに、三歩歩くと三歩歩いたとしか見えませんけど、落語では肩を揺すりながら上半身を動かすだけで、たくさん歩いているように見える。そこに雪が降ってくるような場面を、うまい落語家は「降ってきやがった」って言って身を震わせるだけで表現して、降ってくる雪や寒さを感じさせることができます。

未熟な人は、そこを言葉で補ってしまうんです。「ああ、雪が降ってきた。うう〜、寒いな」と説明する。へたな人ほど「白い雪が」とか「ちらほらと」とか、言葉で補足しちゃうんです。だけどそれだと聴くほうの想像力が膨らんでいかないんです。

佐高　言葉が少ないほどイメージを喚起できるってのが面白いですよね。

松元　結局、メリハリですね。そうやってあまりよけいな言葉を使わずにイメージを拡げてもらう部分と、噺《はなし》を味わってもらう部分と。

私は談志師匠の落語をいろいろ言えるような立場じゃありませんけど、人を惹《ひ》きつける話術というか話芸というか、あれは私が見ていてもすごかったですよ。一〇〇〇人いても、その人ひとりにしゃべっているように聞こえるんです。「あのね……」のひとことで、ほんとに一瞬にして、みんなが引き込まれていくんです。

「よく来てくださいました」と言ったあと、わざとぼそぼそと小声でしゃべったりする。そうすると、みんな前のめりになるわけですよ。聴かせるんじゃなくて、みんなが聴きに行くんです。そういう緩急のつけ方も含めてじつに見事でした。

涙は笑いを増幅する

佐高　ヒロさんはけっこう涙腺《るいせん》がゆるいよね。いつだったか試写会に一緒に行ったら、隣で観ていてワーッと泣きだした。それがまた、ここまで泣くかっていうくらいの大泣きで、あれにはちょっとびっくりした（笑）。

松元　年取ってきて涙腺がいっそうゆるんだってこともあるでしょうけど、もともと泣くのが好きなんですね。

佐高　泣くのが好き？　珍しいね。笑うのが好きってのはよく聞くけど、泣くのが好きっていうのはあまり聞いたことがない。

松元　泣くと、何か大事なものを取り戻したという気がするんですよ。経験ありません？

佐高　その感覚はよくわからない。

松元　女性のほうがわかるかもしれません。思いっきり泣くと、発散されてすっきりするんですよ。科学的にも、泣くことによってストレス物質が排出され、エンドルフィンという脳内ホルモンが出て爽快感が湧くってことがわかってるらしいです。

その快感が、長距離を走るときのランナーズ・ハイの状態に近いんですって。私は学生時代、長距離の選手だったから、ランナーズ・ハイはよく味わってたんですよ。だから、いまも脳がその快感を求めていて泣くのが好きなのかな、なんて思ってますけど。

佐高 笑いと涙というものを、ヒロさんはどう捉《とら》えてるんですか？

松元 笑いと涙は表裏一体、セットなんじゃないでしょうか。たとえば、落語というのは笑っていただくものですけど、けっして笑いだけじゃないんです。大ネタは人情噺で、それはたいていトリにきます。泣きの場面の前に、たくさん笑わせることができると、泣きも大きい。涙が倍、出ます。そこでうまく泣かされ笑わされると、お客さんはたいへん満足するんだそうです。

佐高 笑いと涙は一対だと。笑いが涙を増幅し、またその逆もある。

松元 そうです。相乗効果のようなものがありますね。

佐高 戦争中は、笑いだけでなくて、涙も禁じられるわけですよ。息子が出征していくのに、母親が涙を流すのも禁じられる。

松元 ああ、そうでしたね。素直な感情の発露みたいなものを、権力によってむりやり抑えさせられるわけですよね。

佐高　言い換えれば、人間らしさを削《そ》いでいく。個として人間を解放させる要素を禁じてしまう。

松元　そういうことはできるだけ避けたい、起きてほしくないことですよね。つらい涙、悲しい涙、悔しい涙……いろいろあると思うんですが、さめざめと泣いたそのことがあったから、いまこうして笑えるんだというような、人生を豊かに、より味わい深くしてくれる涙であり、笑いというのが、一番いい涙、いい笑いじゃないかと思います。

佐高　笑いも涙も、生きる力になるような。

松元　そうですね。そうあってほしいじゃないですか、やっぱり。私が泣くのが好きなのも、自分が笑っていただくことを仕事としているので、やっぱり楽しく笑ってもらうには、人間として涙を流す部分をたくさん味わっておくほど、いい笑いを生み出せるんじゃないかっていう気持ちもありますよね。

いま見直したいチャップリンのメッセージ

松元　チャップリンといえば喜劇王といわれる存在ですが、私はチャップリンの喜劇性というのは、いつも涙と背中合わせのもの、喜劇と悲劇が同居したものだと思うんですね。初期のころこそドタバタ劇でしたけど、代表作として挙げられる作品の数々には、どれもペーソスがあって、涙なくして観られないんですよ。チャップリン演じる主人公が滑稽《こっけい》だから、悲しい場面はいっそう悲しくなるし、だからこそ生きる希望に満ちたシーンが明るく、力強く感じられる。笑いと涙の相乗効果をうまく使ってると思うんですね。

佐高　チャップリンが『ライムライト』のなかで言っている有名な言葉がありますよね。

松元　はい、「勇気と想像力と少しばかりの金があれば」ですよね。

佐高　道化師の男が、自殺をしようとしたうら若いバレリーナを救います。突然、両足が動かなくなってしまい、将来に絶望したんですね。彼は懸命に彼女を介抱し、「人生は生きるに値する。勇気と想像力と少しばかりの金があれば」と言って励ます。そして彼女は再び立ち上がり、プリマとして華やかな道を切り拓《ひら》いていく。そこに相手を想う気持ちが絡まり合っていく。

松元　マルセ太郎さんが「スクリーンのない映画館」でこの『ライムライト』をやったときにも、「少しばかりの金」の部分にこだわっていました。「本当はチャップリンは『金なんか要らない』って言いたかったんだ。だけど、まったくなくちゃ人間生きていけない。

だから『少しばかりの』と言った。そこがいいんだ」と強調してましたね。

佐高　チャップリンの作品には、持てる者と持たざる者との対比がしばしば出てくるわけですけど、金があれば幸せという価値観ではないですよね。

松元　そう。お金勘定の損得とか、効率とか、そういうところにはないじゃないですか。いまそのメッセージをあらためて受けとめると、あの時代によくぞここまで社会を見通せていたな、という気がします。そういうことを少しずつでもいまの人たちに伝えていけたらいいなと思って、最近は私もチャップリンの映画の話をしたりしてます。

人にはそれぞれの持ち場がある

佐高　私の師匠である久野収の兄貴分で、久野先生のまた十数倍も博識な林達夫《はやしたつお》さんという人がいて、ふたりが対談している『思想のドラマトゥルギー』（平凡社ライブラリー）という本があるんです。これまで一〇回ぐらい読み返しているんだけど、その中でアナトール・フランスという作家の『聖母の軽業師』という短編小説が紹介されています。

さまざまな曲芸を見せることを生業にする旅芸人が、その純朴さを買われて修道院に入ることになった。修道士たちはそれぞれ、信仰の書を読んだり、薬草園の世話をしたり、椅子やテーブルを作ったり、何か自分が役立つことをして聖母マリアに仕えていたが、その男は自分は何をして仕えたらいいかわからないと途方に暮れる。ある日ふと思うところあって、礼拝室の聖母の像の前へ行って、得意のとんぼ返りを打ったり、逆立ちしたり、身を横たえて両足で球飛ばしの曲芸をやったりする。

それから毎晩、人が寝静まった時間になると、ひとり礼拝室にこもるようになった。修道院長が、そのことに気づき、いったい何をしているのかと覗《のぞ》きに行く。すると彼は、ひとりそこで曲芸をやっていた。

そのとき、修道院長はあっと仰天する光景を目にして、思わずその場にひれ伏した。それは、聖母マリアが台座から下りてきて、軽業師の額の汗をぬぐっていたからだった。

松元　うわあ。何かすごくよくわかります。

芸をやっている人間は、つねに「これが何になっているのか。何のため、誰のためにやっているのか」という思いを持っています。他の人たちの仕事は、それぞれ世のため、人のために役立っていると思えるのに、自分のやっていることはどうなのか。やっぱり考えちゃうんですよ。

佐高　一人ひとりそれぞれに、それぞれの領分での役割のようなものがあり、それぞれができることをやる。自分自身が「これが私のできることだ」と信じてやれば、それが幸せに通じる道だ、というようなことをいってるように思うんですよ。

松元　道を求め、誰かが見ていてくれるだろうと信じ、その道の極みに達したい、と精進するんですよね。いい話ですね。マルセさんの聖母マリアは、永さんだったんだなあ（笑）。私の場合は、永さんと談志師匠かなあ（笑）。永さんも、談志師匠も、私を見つけてくれて、引き上げてくれて、自信を与えてくれた。額の汗はぬぐってくれないですけど。

真摯《しんし》に続けていたら誰かがちゃんと目をかけてくれるってことですよね。

佐高　そういうことです。

第6章　「I'm different!」違いを愛そう

「普通」になりたがる人たち

松元　最近、若い人がやたらと「普通」という言葉を使いますよね。それも、これまでとは違う使い方です。「これ、普通にうまいっすよ」とか。うまいのかうまくないのか、私にはよくわからない。この前も私のライブの後に「普通に感動しました」と言った若い人がいて、なんと返答したらいいのか迷いました。

佐高　「普通」というのが彼らにとっては非常に心地よい言葉になってるんでしょ。

松元　そうなんですよね。つまりそれは、周りの人たちと違いが生じるのを怖れているってことでもあると思うんですよ。周りと同じようにしていれば安心する。同質化することを望んでいる。私なんかは「それでいいのか？」と疑問に思いますけど、これがいまの日本人の姿なんですよね。

佐高　そうそう、いまの普通の日本人の姿。それは、個々の違いの部分、それぞれが持っている凸凹の部分がなめされ、みんな均質化していくっていうことですよ。

松元　そんなふうに均《なら》されちゃっていいんですかね？　尖《とが》っているやつ、はみ出すやつ、ほんとはいろんな人間がいるのが社会というものなのに。みんなが同じように横並びに生きようとするのって、ちょっと異常じゃありませんか。

佐高　おかしいですよ。ではどうして若い人たちがそんなに「普通」を求めるようになったのか。結局、教育の問題だよね。

大学の同期の友人が、家族を連れてアメリカに留学した。子どもが家へ帰ってきて「今日は作文の時間があった」と報告した。その作文のテーマが、「I'm different」なんだって。「自分自身について、『私は違う』と感じることを思いつく限り書き出しなさい」というものだったそうです。アメリカの教育は、そこが大きな出発点。他者との違いをまず気づかせ、自覚させ、そこを誇りに思えるような指導をする。それが自尊感情を育《はぐく》む。日本の教育との大きな違いを実感した、と言っていた。私もアメリカには言いたいことはたくさんあるけれど、そこは評価していいところだと思う。日本は逆で、「違うと周りから笑われますよ」と、まず同じにすることから入っちゃうわけですよ。

松元　そうなんですよね、自分と他の人との違いの部分をしっかり認識するって大事ですよね。それともうひとつ、日本人には「私は違う意見です」とはっきり表明できるようにすることもすごく大事な気がするんです。

立ち位置の曖昧模糊とした人たち

松元　いろんな会に呼んでもらうんですが、ときどき、お客さんの反応がよくなくて、すごくやりにくいことがあるんです。それは、周囲の人たちの様子を窺《うかが》って、「笑っていいんだろうか？」とあたりの雰囲気を気にしてばかりいる人たちが多いときです。田舎の公民館みたいなところだと、集まってくる人数も少ないですし、周りは顔見知りばかりです。そんな中で他の人が笑わないのに、ひとりワハハハと笑うわけにいかないんでしょう。躊《ちゅう》躇《ちょ》していて笑うに笑えないような妙な空気なんですよ。

佐高　笑いを自粛しちゃうんだ。ヒロさんの話で楽しそうに笑ったら、自分の主義思想が判明してしまう。それで異分子になるのを怖れてる。

松元　思わずクスッとしてしまってから、それをごまかすために下を向いて携帯を見ている素振りをする人なんかもいます。

佐高　自分のスタンスを表に出せない。あるいは、自分の考えというのがないのかもしれない。右へ倣えで生きてきた人たち。だけど、安倍政権を支えているのはそういう人たちなんだよね。

松元　この間、もっと「えっ？」と思ったことがあったんですよ。それは、これから選挙に初出馬する人を応援する会でした。私はいつも「政治ネタのコントをやるだけで、選挙の応援はしません」とはっきり言っているんですけど、「ネタをやるだけでいい」というお話だったのでお引き受けしたんですね。

びっくりしたのは、その候補の人、「私は、あえて政策は一切申し上げません。とにかくみなさん方のために必死に邁進《まいしん》いたします」と言うだけなんです。議員になって何をしたいんだかさっぱりわからない。また応援する人たちも、「○○さんは若い！　その若い力を存分に発揮してくれるでしょうから期待しています」みたいなことしか言わない。「政策はあえて言わない？　応援ポイントは若さだけ？　じゃあ、有権者はどうやって判断するんだよ」って突っ込みたかったですよ。

佐高　要するに候補者側も立ち位置が決まっていないんだ。

松元　ええ、そうだと思います。けれどその空気を見ていて、「ああ、安倍政権ってこれなんだな」とわかってきた気がしました。この人たちは、土地、地域ということでしか考えてない。自分はどういう主義主張を持っていて、どんなことを実現させたいか、というのが抜け落ちてるんです。ただ議員になりたい。「この町のみなさんのために自分は働きます、だからみなさん、私を支持してください」という姿勢です。

佐高　安倍がよく言う「国民のみなさん」と同じですよね。「国民のみなさん」が「この町のみなさん」に置き換えられているだけ。ひとまとめに束ねられている。

松元　そうなんですよ。この町の有権者といっても、経営者も、労働者もいます。高齢者福祉を充実させてほしい人も、保育所を増やしてほしい人もいる。みんなそれぞれ立場が違い、考え方も違うわけで、どういう人に議員になってもらいたいかは一人ひとり違うわけですよね。そのために政策を言わなきゃいけないのに、誰のために何を実現していきたいかがなくて、ただ漠然と「みなさん」の票が欲しいだけ。具体的な政策なんか言えないんです。

　候補者側は、政策でも党派でもなく、ただ「みんなこの土地の住民ですよね」というところに訴えかけようとしている。これが安倍政権のリアルな一面なんだと思いましたね。

佐高　それが「みなさん」を「切れ目なく」つなげているものの正体なんですよ。

松元　ええ、立ち位置がはっきりしていなくて、何か曖昧模糊《あいまいもこ》とした人たちが安倍政権を下支えしてるんだってことがわかりました。

「みんなを喜ばせようとしたら、誰も喜ばせられない」

佐高　ヒロさんにとっていままでで一番のアウェイ戦というのは？

松元　忘れもしません、佐高さんとご一緒した、保守系の代議士先生がずらりと並んだパーティーですね。

佐高　あのときはヒロさんにたいへん申し訳ないことをした。

松元　それにしても、国会の質疑・答弁・野次の応酬《おうしゅう》なんかに慣れてる人たちというのは恐ろしい種族ですね。いろんな修羅場をくぐり抜けてきて、心臓に毛が生えてるんでしょうね。私も芸人の端くれですよ、こっちが一生懸命ネタをやってるっていうのに、よくあそこまで傍若無人に振る舞えるものだと、ほんと驚きましたよ。

佐高　いや、あれはほんとひどかったね。たいへん失礼しました。

松元　あの晩はもう悔しくて悔しくて、泣けてしょうがなかったですよ。あの日、佐高さんもよくご存じのある方が、私をなぐさめてくれて、最高の言葉をプレゼントしてくれたんですよ。

「ヒロさん、イソップって知ってる？　あの『イソップ物語』の作者。彼がこんな言葉を残している。『みんなを喜ばせようとしたら、誰も喜ばせられない』と。ヒロさんなら、この意味がよくわかるんじゃない？　人間は一人ひとりみんな違うんだから、全員を漏れなく喜ばせることなんてあり得ないんだよ。誰かが喜べば、必ず面白くないやつが出るものなんだ。みんなを喜ばせようなんて考えると、誰も喜ばせられないようなものしかできなくなる。ヒロさんの芸がちゃんとわかる人を喜ばせられれば、それでいいじゃない。もう今夜のことは忘れなよ」

佐高　へえ、いいこと言うねえ。誰だろう？

松元　一五歳のときからのご親友ですよ。明け方まで私に付き合ってくれて、励ましてくれて、おかげで私は「本当にそのとおりだなあ」と気を取り直すことができたんです。

佐高　そうだったんだ。だけど、あれで鍛えられたでしょ？

松元　鍛えられましたとも。おかげで、もう怖いものはないと肚《はら》が据わりました。

佐高　やっぱりアウェイでも戦わなきゃいけないよね。

松元　そうですけどね、でもあんなアウェイで戦うのは、できれば二年に一回ぐらいにしたいですね。あんなことがあんまり続くと、心が折れます。

こんなリーダーが日本にもっと増えたら

松元　イヤなことを思い出してしまったので、元気が湧いてくるような人の話に変えていいですか？

佐高　はい、どうぞ。

松元　長野県上伊那《かみいな》郡中川村の村長、曽我逸郎《いつろう》さんです。

佐高　ああ、一度『週刊金曜日』で対談したことがある。

松元　私があの人を知るようになったきっかけは、「伊南《いなん》子ども劇場」という観劇サークルの会で中川村に行ったときに、村役場の人から「ヒロさんは絶対うちの村長と話が合いますよ」と言われたことでした。それで「いや、私は自治体の長と名のつく人とは、なかなか話が合いませんよ」と言ったら、「でも、うちの村議会には日の丸がないんですよ。そういう村長ですから」とニコニコして言うので、俄然《がぜん》、興味を持ったんです。

曽我さんは京都大学を出て、電通に入った。営業部長まで務めたんだけど、十数年前に電通を辞め、家族で中川村に移住、農業を営みはじめた。市町村合併の話があったときに、合併反対を唱えたところ、みんなから担がれて村長選に出馬することになり、当選。現在三期目。

佐高　みんなに慕われている人だよね。

松元　ほんとに。TPP参加に反対して、自らデモの先頭に立ったりもすれば、「憲法九条を守る首長の会」に参加したりもする。

私が一番心動かされたのは、やっぱり日の丸敬礼問題のときの対応です。村長として村の小中学校の入学式や卒業式に出席したときに、国旗に敬礼しなかったことを村議会で問われ、「国旗や国歌に対する一定の態度を声高に要求し、人々をそれに従わせようとする空気に、私は抵抗したい」と言ったんです。

要するに、「人々に同じ空気を強制して、国旗や国歌に対する態度を型にはめようとするよりも前に、みんなが誇りにできる国、世界から尊敬され、愛され、信頼される国にしていくことのほうがまず先にあるべきではないか」という考え方なんですね。

佐高　それこそが政治家の役目ですよ。

松元　こういう話を知って、感激しました。「こういうリーダーにいてほしい」と思いますよね。「こんなリーダーが出てくるんだから、日本もまだ捨てたものじゃない、諦《あきら》めちゃいけないな」とも思ったし、「こういうリーダーを選びたい」と強く思うようになった。それで多くの人に知ってほしくて、ライブとかでときどき話してるんです。

愛は強制するものじゃない

松元 愛国心、愛国心、国を愛せ、国を愛せ、と安倍さんはいつも言います。日の丸を掲揚しろ、「君が代」を歌え、とやたらと「形」ばかりを強要します。けれども中川村の曽我村長の言うように、本当に素晴らしい国になれば、みんなが自然と国を愛するようになります。曽我村長のほうが、安倍総理よりもはるかに人間のスケールが大きい。曽我村長のほうが、よっぽど世界の人たちに愛される国をつくれる。そう思うわけです。ただ、そんな総理を選んでしまったのは、私たち国民なんですよね。

佐高 強制の仕方がまた幼稚で短絡的なんだね。たとえばヒロさんがライブで「笑え、笑え！」と観客の人たちに言うようなものでしょう。誰が笑えるか、という感じになりますよ。

松元 そうですよ、そんなことをしたらいっそう笑いのハードルが高くなっちゃいますからね、自分の首を絞めるだけですよ。

佐高　安倍はそれがわかってないね。みんなから愛される国にしようという姿勢を何も見せないで、バカのひとつ覚えで「愛国心、愛国心」とわめく。非常に無粋な話ですよ。

松元　無粋ですね。そういう人は、絶対愛されないですよね。

佐高　愛されない。ひくよ。一方的な強制になったら、それはもう愛ではない。ストーカーだよ。だから安倍をストーカーだって言ってるんだけど（笑）。

松元　（笑）ほんと、そうですね。

佐高　ストーカーっていうのはひとりで勝手に思い込んで何をするかわからないでしょ、だから怖いんですよ、危険なんですよ。笑いを強制するのはおかしいっていうのは誰でもわかる。しかし愛を強制することは、愛の強さと錯覚されることがある。だから困る。

松元　それを愛と受けとってもらえるかどうかは、こっちが押しつけることじゃなくて、向こうが感じることですよね。

佐高　そうそう。ヒロさんは、奥さんに受け入れてもらえてよかったね。

松元　そうですね、当時は金がなかったので、「飯を食いに行こう」ってこっちから誘っておいて、金は向こうに出してもらって、しかもそのお釣りでたばこまで買ってもらったりなんかしてました。そのあげく転がり込んで、住むところまで提供してもらった。こうして言葉にしてみると、かなりヤバい男ですね、ストーカー寸前だ。

佐高 いや、向こうはそうするのが喜びだったわけだから、それはいいんだよ。先行投資だったんだよ（笑）。

松元 先行投資？（笑）そうか。先行投資だったんですね、いま気づきましたよ。だからいま、生かさぬように、殺さぬように、働かされて搾取されて……。

佐高 なぜあのころ自分に投資してくれたか考えなくちゃ。後から搾取が来るんですよ（笑）。これは大事な経済原則。ピケティ本にも書いてない（笑）。

松元 家庭内格差社会について、少し勉強しなきゃいけませんね。そういえば佐高さんは「経済評論家」でしたよね、いろいろ教えてください。

佐高 松元家の格差問題に適切なアドバイスができるかなあ、できそうにないなあ。なにしろ私は経済のわからない経済評論家だからね（笑）。まあ、竹中平蔵よりはわかっているけど。

社会的弱者の立場を知る

佐高　ヒロさんは、セクシャル・マイノリティとして、LGBT（レズビアン・ゲイ・バイセクシャル・トランスジェンダー）人権活動をしている石川大我《たいが》を知ってるんだっけ？

松元　はい、知ってますよ。私のライブにも来てくれるし、この間は一緒に試写会に行きました。『パレードへようこそ』っていう八〇年代のイギリスを舞台にした映画。同性愛者と炭坑労働者がサッチャー政権への抵抗運動で手を携え、互いの先入観や偏見を少しずつ崩して、理解を深めていく物語。

佐高　また大泣きしたの？（笑）

松元　もちろんですよ。最後のパレードのシーンなんか、もう涙が止まりませんでした。佐高さんは大我くんとは？

佐高　彼は社民党の党首選に出たでしょう。そのときに何度か会ってる。

松元　ちょうどこの映画を観たし、LGBTについていろいろ彼から教えてもらいました。大我くん自身は、中学二年くらいのときに、自分のこの気持ちがどうやら同性愛らしいと気づいて、辞書を引くんですね。すると「同性に性欲を感じる異常性愛の一種」とか書かれている。それで「これは人に言えない」と思って自分の胸のうちに抱え込む。これって当事者に共通することで、みんな自分がそうだと気づいたときから、周囲の人たちには「言えない」と思って苦しむんですって。同性を好きになる人は、人口の約三～五パーセント、三〇人にひとりくらいいる計算になるというんですね。ということは、クラスにひとりくらいは必ずいたはずなんです。「でも、自分のクラスにはいなかった」と思う人が多いでしょう。どうしてでしょうね？

佐高　言わなかった、いや言えなかったからでしょうね。

松元　そうなんですよ、言えなかった。言っちゃいけない雰囲気だったからです。そう考えると、自分のすぐ近くにそういうことで人知れず悩んでいた友だちがいたかもしれないわけです。そうすると、これはすごく身近な問題だなあと気づくんですよ。

佐高　その「自分の友だちにもいたかもしれない」という視点は差別問題において大切なことですよね。ヘイトスピーチなんかもそうで、その対象の中に自分の友だちもいるかもしれないと思えば、嫌悪感情を衝動的にぶつけてしまう行動に、少しは歯止めがかかるんじゃないかと思うんだけど。

松元　そう思いますね。

違いを愛おしむ、差異があるからこの世界は面白い

松元　同性カップルの場合、賃貸住宅の入居を断られたり、家族ではないという理由で病院の面会を断られたりするんだそうです。大我くんは、そういうごく当たり前のことができるように認めてほしいだけなんだと言ってます。東京都渋谷区が、同性カップルに「結婚に相当する関係」を認めるパートナーシップ証明書を発行する条例を出したことは、彼らにとってようやく細い道が開けたということ。それに対して自民党の「家族の絆《きずな》を守る特命委員会」では複数の議員から「同性愛は公序良俗に反する」「証明書があっても、同性愛をイヤだと言う権利もある」という意見が出た、というんですよ。

その記事を読んで「バカか！」と思ってすごく腹が立ったんです。完全に差別ですよね。同性愛者だというだけで、下に見ている。その意識が社会の変化を邪魔してるんですよね。何ですかね、自分がついていけないものは拒否するっていうのは。

佐高　ある種の新しさに対する反発だよね。保守っていうのは基本的に、既存概念に捉《とら》わ

れていて、変化を受け入れられない人が多いから。

松元 「公序良俗」云々《うんぬん》という石頭には、「自分の身内にもそれで悩んでいる人がいると思ってみろ」って言いたいですよね。

佐高 いろんな違いを持つ人に会った経験がないと、人には多種多様な生き方があるんだということを受け入れることができないんだね。そういうキャパが脳にないわけだ。安倍には社会的弱者と位置づけられる友だちがいないんだろう。在日韓国人とか、性的マイノリティとかね。

松元 たぶんいないと思うんですよね。

佐高 経験のなさが、あの人格的浅さになっている。違いを知って、そこに新しい発見があって、それを面白いとか楽しいと思えること、そういう違いを楽しむ感性、ズレを喜ぶ感性がなければ、理解もできない。笑いも生まれない。

松元 そうですね。愛ってのは、そういうところにあるんですよね。

佐高 愛《いと》しさね。生けるものすべてに対する愛おしさ。みんな苦労してる。必要以上に苦労してる。

松元 ＬＧＢＴには、いろんな表出の仕方があるんだそうですね。たとえば、ゲイだからといって、みんなが女言葉を使い、女装してオネエみたいになるわけではない。本当に人によってさまざま。それを勝手な先入観で決めつけられても困るって。やっぱり、いろいろな人たちが共存していける世界、世の中にしたいですよね。

佐高　LGBTのパレードといえば、アッキーは日本でもやっている性的マイノリティへの理解を呼びかけるパレード「東京レインボープライド2014」に行ったりしてるんだよ。旦那《だんな》と違って、彼女はいちおう人権活動推進派なんだね。

松元　そうなんですか。だけど、それでつい油断させられちゃうんですよね。原発もそうですよ。「安倍さんはああ言っているけど、奥さんは反原発なんですよ」ということで、イメージが中和されちゃう。ある意味毒消し効果があるというか、なんとなく騙《だま》されてしまうので、気をつけなきゃいけないいんですよ。

差別を逆手に取ったユーモア

松元　劇団にパントマイムを教えに行ってたときに、ひとりの団員が「先生はたぶんこれ好きだと思うから、観て」と言って持ってきてくれたのが、スタンダップ・コメディアン時代のエディ・マーフィのビデオでした。

エディ・マーフィは最初、スタンダップ・コメディアンとして世に出たんですね。そして、アメリカの人気テレビ番組『サタデー・ナイト・ライブ』に抜擢《ばってき》されて大人気になり、一気にスターダムにのし上がるんです。

そのビデオは、カーネギーホールかどこかの劇場でやった『サタデー・ナイト・ライブ』のライブ版を編集したもので、エディ・マーフィはマイク一本でずっとマシンガントークを続けるんです。その内容はかなりのブラック・ユーモア。

印象的だったのは、「黒人だというだけで、ここに立てなかった有名な歌手がいる。それは、たった何年か前の話だ。そしていま、黒人のオレがここに立つことができた。黒人のオレが、おまえたち白人を前にこうしてしゃべり、おまえたち白人のことを笑ったんだ。おまえたちは素晴らしい、ありがとよ」とか言う。

黒人としての思いをバッと言ってのけた。それを聞いた白人の観客たちが拍手するんですよ。「ああ、いいな。こういう笑いっていいな。日本にないな」って思ったんですよね。

差別を受けてきた自分たちの思いを、みんなに、しかも白人の人たちに、「怒りの抗議」という形ではなく、ユーモアをこめて伝えているところがとても印象的で、「こんなふうに権力者、強者を風刺する芸がアメリカにはあるんだ」と私は初めて知りました。それから「スタンダップ・コメディアンってかっこいいな、いつかひとりでやりたいな」と思うようになったんですね。そのことをいま思い出しました。

佐高　その「ここに立てなかった有名な歌手」って誰なのかな？

松元　私はわからなかったんですけど、観客はみんなよくわかってるみたいでした。

このときエディ・マーフィはもうハリウッドの大スターになっていましたけど、アメリカの映画俳優って、けっこうスタンダップ・コメディーとかそういうところから出てきた人多いんですよね。そのライブ版にはすごく感銘を受けました。

佐高　日本はそういう差別を逆手に取って笑いに変えてしまうというところが弱いよね。

違いに誇りと矜持を持てる教育を

佐高　酒田に、東北公益文科大学っていう大学があります。二〇〇一年にできた大学ですが、その学生歌を頼まれて、小室等さんに作曲をしてもらい、私が作詞をしたんです。そのタイトルが「I'm different」。さっき話した「I'm different 私は違う」ということをまず考えさせることからスタートする教育のあり方に触発されて、学生たちにそういう個として自立心を培ってほしいという思いをこめたんです。

I'm different　私は違う
北国《ほっこく》の空に向かって
強く　こう言い切るために
私たちは学ぶ
めぐりくる季節の中で
疑問を積み重ねながら

松元　「私は違う」なんて、これまでの校歌には絶対に入ってないようなフレーズですよね。

佐高　「協調」とか「和」とかそういうことよりも、「個」の尊重ということをもっときちんと教えるべきですよ。学校が統制の道具になってしまってはいけないわけですね。

松元　前にも話したドイツ人のクララさんが、日本の試験問題はおかしい、って言うんですよ。「次の三つのうちからひとつを選べ」といった質問が大学でもある。ドイツでは小学校のときからそんな質問はなかった、必ず「これをどう思うか？」と問われたそうです。次のうちからどれかひとつを選べなんて、そんな人をバカにした問題はないと。

その話を聞いて、日本の教育は、いわゆる民主主義というのが浸透していないというか、一人ひとりの個性を大事にする教育がもともとないからそうなのかな、と思うんですよね。

佐高　つまり画一的に、鋳型にはめるわけでしょ。逆に笑いは、多様性を開くもの。だからヒロさんのステージは、学校の先生に一番見せなきゃいけないね。教師の意識を解放させないと、子どもたちが解放されない。

凍《い》てついた海のようにこわばって笑いのなくなったところに、松元ヒロという〝笑いの砕氷船〟で踏み入って笑いを起こして切れ目を入れていくんですよ。

松元　わあ、責任重大だな。じつは私、最初は学校の先生になりたいと思って教育実習にも行ったんです。でも、教員採用試験に全部落ちて、なれなかったんですけどね。

佐高　なれなくて正解だよ。ヒロさんや私のような人間は、学校という組織の中では息苦しくて生きていけない。私は五年半でギブアップした。

松元　そうなんですか。でも私は心のどこかに引っかかってたんですよ、ずっと。それが最近ふっと、「ステージでいま自分が一番伝えたいことを話すってのは教師みたいなものじゃないか、オレ、やりたかった仕事をいまやれてるぞ」と思えるようになったんですよ。

ユーモアで笑い飛ばす

松元　安倍さんは、国というのを地図の上でしか捉えていないんじゃないかと思うことがあります。地図を広げて、線を引いて、ここまでは日本の領土だとか、四角四面に土地を分けようとする。地球が丸いということがわかってないようなものですよ。国境線というのも、地図みたいに線が引いてあるものだと思ってるでしょうね。平面の地図だけで考えるから、右へ右へと行ったら、もう、あとは海に落ちるしかない（笑）。

佐高　俯瞰《ふかん》思考とか、客観思考といったものがとことんできない男だからね。

松元　一〇〇歳を迎えたむのたけじさんが、この間、「地球を外から見たら、どこにも国境は引いてない」「戦争をなくすのは簡単だ。国をなくせばいいんだ」と言ってましたよね。そのものの考え方のスケールの違いをすごく感じました。

同じ右翼でも、一水会《いっすいかい》の鈴木邦男さんなんかは、ほぼ私たちと同じような考え方をするじゃないですか。右へ右へと行って、一周して左に来てるんですよね。あの人もほんとにスケールが大きいですよ（笑）。

佐高　あの人は頭が柔らかいんだよ。

松元　この間、床屋さんに行ったとき、テレビがついていて尖閣《せんかく》諸島か何かのニュースをやってたんです。それでそのあと、中国人が日本の土地を買いあさってるというニュースに替わった。そうしたら、隣に座っていた知らないおっちゃんが、「いいんだよ、別に買わせても。どうせ土地は持ってけねえんだから」って言ったんですよね。そのとき、このおっちゃん素晴らしいな、と思ったんです。

地球に住んでいる私たちが、勝手にここは自分のものだ、いやオレのものだって言い合ったって、地球から分けてもらったものじゃない。ただ地図の上で線引いているだけのこと。それに土地は動かせない、「持ってけねえんだ」って笑って言えるくらいの人にリーダーでいてもらったほうがいいですよ。

佐高　子どもみたいに、「これはオレのものだ」って言っている安倍よりもスケールが大きい。

松元　あまりにも、安倍さんとその周りの人たちは狭量というか、偏狭な感じがするんですよね。

佐高　公共っていうのは、イコール国じゃないからね。これを一番よく表すのは海。領土って言うでしょ？　海は領海でしょ？　領海の外に公海があるんですよ。公の海が。領海と公海は一緒じゃない。領海の外に公海、があるわけですよ。

松元　つまり公っていうのは、みんなのものってことですか。

佐高　そう。国を超えるものですよ。国ごときのものではないんですよ。

松元　素晴らしいですね。これ、私もライブのネタで使わせてもらっていいですか？

佐高　「いいよ、ご自由に」と言いたいところだけど、これ、私のオリジナルな考えじゃないんだ。網野《あみの》善彦という歴史家の受け売り（笑）。見事だと思ったの。だから、公共事業とか公共輸送とかいうのは、行政が自分たちの都合でやったりしてはいけないわけですよ。

松元　安倍さんが税金使ってアメリカに行って、なんだか勝手に約束してきちゃったおかげで、日本はアメリカの注文してきたことを、何でも受け入れなくちゃならなくなりそうじゃないですか。このままだと、気づいたら併合されていてすっかり属国となり果て、国旗は、星条旗のたくさん星が並んでいる片隅に、小さな赤い丸がピッと入るような日も来るかもしれません。
「君が代」だってどうなるかわかりません。いつしか曲のほうはアメリカ寄りになりアメリカ国歌「星条旗」の節とか、「アメージンググレース」の節なんかにのせて歌うようになっているかもしれません。
「〽君が代は　千代に八千代に　さざれ石の巌《いわお》となりて　苔《こけ》のむすまで　……アーメン」とかね（笑）。

佐高　（笑）では私からは、詩人、長田《おさだ》弘の「ねむりのもりのはなし」という詩の中の「あべこべのくに」という一節を紹介してこの対談を締めましょう。

いまはむかし　あるところに
あべこべの　くにがあったんだ
はれたひは　どしゃぶりで
あめのひは　からりとはれていた
（中略）
つよいのは　もろい

もろいのが　つよい
ただしいは　まちがっていて
まちがいが　ただしかった

うそが　ほんとのことで
ほんとのことが　うそだった
あべこべの　くにがあったんだ
いまはむかし　あるところに

おわりに

松元　ヒロ

佐高さんは本を出すと、私にも送ってくださいます。だいたい半分くらい読むと、次の本が送られてきます。次を読みはじめて真ん中まで来ると、また次の本。すごいでしょう？　読むスピードよりも書くほうが速いのです。カミさんにそれを言ったら、「あんたの読み方が遅い」と鼻で笑われました。

ところが、佐高さんの近著『佐高信の昭和史』（角川学芸出版）を読んだときには、感動して、一気に最後まで読み切ってしまうことができました（他の本が面白くなかったのでは決してありません）。

最後まで読んでよかったと思いました。なぜなら、本文の最後のところに私の名前が出てきたのです。

「私などは社会の理不尽さに対する怒りをエネルギーにして生きてきたところがありますから、すぐ眉間にしわを寄せて怒りたくなってしまう。ところが、笑いを仕事としてきた鹿児島出身の芸人、松元ヒロさんなんかは、もっと柔らかくてしなやかです。抵抗しているように見せない抵抗をする。怒りではなく、ユーモアで人にパワーを与える。

こぶしを振り上げて怒ることも確かに一つの声の上げ方ではありますが、それを笑いに転化することができると、より多くの人の共感を得ることができるということです」

と書いてくださっているではないですか。

「人間は、どん底にあっても笑うことで生きる力を得ることができます」ともありましたが、この本を通じて私はあらためて佐高さんから「笑いの大切さ」を教えてもらいました。

感動した私は、その本の話を紀伊國屋ホールでのソロライブで、三〇分のネタとして語りました。

すると、初日から劇場の下の紀伊國屋書店でこの本の売れ行きが伸び、一時品切れになったそうです。

これを知ったこの本の編集者・小島直人さんがなんと当日券に並び、ライブを見てくださったのです。

そして、「ライブ、面白かったです。あの感じで佐高さんと、『安倍政権を笑い倒す』対談をやりませんか。それを本にしたいのです！」と言ってくれました。

私も、「面白そうですね」、佐高さんも「面白そう」と始まった対談は、やっぱり「面白かった」。

実は、面白い話、ギャグなら山ほどあると思って話しはじめたのですが、初日にすっかり出しきってしまい、焦りました。

しかし二日目、三日目となると、佐高さんが私の心の奥底にある気持ちや記憶を甦《よみがえ》らせ、私のなかから引き出してくれました。それに佐高さんが「歴史や哲学」を補足し、助言してくださり、あの話とこの話がつながって、「そうだったのか！」と、わかる喜び、知る喜びを味わいました。

安倍政権が、「安全」「平和」という言葉を使って「戦争」しようという「あべこべ内閣」であることを、ハッキリと確認することができました。

いつも怖そうに見える佐高さん、実はとってもやさしい人です。

だからこそ、他人《ひと》にやさしくない人が許せないのです。

佐高さんと、『安倍政権を笑い倒す』ことで、私は元気モリモリ。みなさんも泣き寝入りなんてしないで一緒に笑い倒しましょう。

文字どおり「笑い」、そして「倒しましょう」！

最後になりましたが、対談に不慣れな私を巧みに誘導してくれた佐高信さん、ありがとうございました。これからはもっと読書スピードを上げる努力をしますので、呆れずにお付き合いください。また、この本のきっかけをつくってくれた小島直人さん、私の曖昧な言葉を見事にまとめてくれた阿部久美子さん、最後の最後までお骨折りいただいた株式会社ＫＡＤＯＫＡＷＡの立木成芳さんにお礼を申し上げます。

そして何より、この本を手に取り、最後まで読んでくださったみなさまに、心からお礼申し上げます。ありがとうございました。

佐高 信（さたか・まこと）
1945年、山形県酒田市生まれ。慶應義塾大学法学部卒業。高校教員、経済誌編集長を経て、現在、ノンフィクション作家、評論家として活躍中。「憲法行脚の会」呼びかけ人の一人。「週刊金曜日」編集委員。著書に、『佐高信の昭和史』『安倍晋三と翼賛文化人20人斬り』『誰が平和を殺すのか』『平民宰相　原敬伝説』、共著に、『難局の思想』『戦争と日本人』『原発と日本人』など多数。

松元ヒロ（まつもと・ひろ）
1952年、鹿児島県生まれ。法政大学法学部政治学科を卒業後、パントマイマーとなり、全国を巡業。1985年、「お笑いスター誕生!!」で優勝。1988年、「ザ・ニュースペーパー」の結成に参加。1998年11月に独立後、ピン芸人として、歴代首相の卓抜な物まねで人気を博す。その風刺の効いた笑いで、知識人層に多くのファンをもつ。

安倍政権《あべせいけん》を笑《わら》い倒《たお》す

佐高《さたか》 信《まこと》　松元《まつもと》ヒロ

2015年 7月10日　初版発行
2015年 8月 5日　再版発行

発行者　郡司 聡
発　行　株式会社KADOKAWA
東京都千代田区富士見2-13-3　〒102-8177
電話　03-3238-8521（カスタマーサポート）
http://www.kadokawa.co.jp/

装丁者　緒方修一（ラーフイン・ワークショップ）
ロゴデザイン　good design company
印刷所　暁印刷
製本所　BBC

角川新書

ISBN978-4-04-082032-3 C0236